Inhalt

Wer, wenn nicht ich? Wann, wenn nicht jetzt?

Auf einer Skala von null bis zehn – wie glücklich sind Sie? Gemeint ist damit nicht unbedingt eine permanente Hochstimmung, sondern dieses gute Gefühl: Ich liebe das Leben, und das Leben liebt mich.

Wenn Sie nicht spontan die Zehn gewählt haben, dann gibt es noch einiges zu tun. Wobei ich sicher bin, dass Sie bisher keineswegs die Hände in den Schoß gelegt haben, im Sinne von »Was mir von Gott ist zugedacht, das wird mir bis ans Bett gebracht«. Die meisten von uns strengen sich jedenfalls mächtig an, um ihr persönliches Glück zu erreichen. Selbstoptimierung ist dazu das aktuelle Lieblingswort. Beruflich wie privat versuchen viele Menschen, ihre Stärken zu stärken und ihre Schwächen zu bekämpfen. Sie versuchen, noch fitter zu werden, noch schlanker, noch klüger, noch mehr Geld zu verdienen … Alles mit dem Ziel, schließlich glücklich zu sein. Nun ist es ja durchaus sinnvoll, an sich zu arbeiten, es garantiert allerdings nicht, dass wir auf diese Weise auch glücklich werden. Schon mancher hat am Ende enttäuscht festgestellt, dass weder die Traumfigur noch ein sattes Bankkonto das gewünschte Gefühl transportiert.

Trotzdem besteht kein Grund zur Resignation. Es gibt nämlich einen verlässlicheren Weg zum Glück als Selbstoptimierung: die *Lebens*optimierung. Dabei geht es weniger um ein Feilen an einzelnen Eigenschaften, sondern darum, die grundsätzlichen Bedingungen für ein glückliches Dasein zu erfüllen.

Da stellt sich natürlich gleich die Frage, um welche Bedingungen es sich denn handelt. Wohl jeder von uns hat in puncto Glück und Erfolg schon ein Sammelsurium von Anleitungen im Kopf: Schließlich vermittelt uns unsere nächste Umgebung von Kindheit an, was sie selbst für wirkungsvoll hält. Manches davon ist nützlich, aber vieles ist nur Ballast. Etwa, dass es äußerst wichtig sei, was andere über uns denken. Oder dass wir nur wertvoll seien, wenn wir Leistung brächten. Durch Versuch und Irrtum bemühen wir uns, herauszufinden, was funktioniert. Das kostet viel Zeit und Energie, und ist zudem oft deprimierend und enttäuschend. Es wäre doch schön, wenn wir stattdessen eine gültige Gebrauchsanleitung für das Leben bekämen, auf die wir uns verlassen könnten!

Und tatsächlich, die gibt es.

Allerdings wird sie uns nicht übersichtlich wie die Zehn Gebote präsentiert, sondern findet sich verstreut in unterschiedlichen Quellen. Wir finden sie in den weisen Lehren antiker Philosophen und Religionsstifter, in Biografien bedeutender Männer und Frauen, in neuesten Erkenntnissen der Medizin, Psychologie und Hirnforschung – und sogar in den dokumentierten Vermächtnissen Sterbender, die in ihren letzten Stunden erkannten, was wirklich zählt. Ein Beweis für die Allgemeingültigkeit dieser Erkenntnisse ist es, dass sie, obwohl sie aus unterschiedlichen Epochen und Wissenschaftsdisziplinen stammen, in ihren Aussagen übereinstimmen. Sie lassen sich zu grundlegenden Thesen zusammenfassen, nach denen wir unser Leben ausrichten können. Damit erhalten wir einen sicheren Rahmen, der uns trotzdem viel Spielraum für Kreativität und Selbstentfaltung lässt. Ausfüllen müssen wir ihn nämlich individuell. Wenn es zum Beispiel heißt: »Gib immer dein Bestes«, so ist es unsere Sache, wie und wo wir das tun. Oder wenn eine der Thesen lautet: »Entfalte deine Einmaligkeit«, dann bestimmen wir selbst, was genau uns so besonders macht. Anders als bei einer Anleitung zur Selbstoptimierung gibt es hier keine Übungen, die man durchführen muss, sondern Anregungen, es auf diese oder jene Weise zu versuchen. Es geht darum, die Logistik des Lebens in allen Bereichen zu erfassen.

Doch auch wenn wir uns innerhalb dieses Rahmens bewegen, kann zwischendurch einiges schiefgehen. Es gibt Unwägbarkeiten, auf die wir keinen Einfluss haben. Das Leben steckt weiterhin voller Überraschungen. Aber auf eins können wir uns fest verlassen: Die Richtung stimmt. Wenn wir uns an die Vorgaben halten, haben wir trotz Höhen und Tiefen die größte Chance, Glück, Liebe und Erfolg zu erreichen.

Und noch etwas: Es ist nie zu spät, diese wesentlichen und grundsätzlichen Regeln anzuwenden. Das geflügelte Wort »Wer zu spät kommt, den bestraft das Leben« hat hier keine Gültigkeit. Jede Zeit, zu der wir erkennen, worin das echte Know-how für unser Glück besteht, ist für uns persönlich die richtige. Egal wie alt wir sind. Nur vertagen dürfen wir unser Glück nicht, sobald wir wissen, was zu tun ist. Nach dem Motto »Wer, wenn nicht ich? Wann, wenn nicht jetzt?« sollten wir unser Leben in den Bereichen konsequent ändern, in denen wir auf der Glücksskala noch keine Zehn erreicht haben. Es besteht kein Grund, sich mit weniger zufrieden zu geben.

Eva Wlodarek

In der Gegenwart leben

Von den vielen guten Gründen, das Glück in der Gegenwart zu suchen, überzeugt dieser gewiss am meisten: Wir wissen nicht, ob wir überhaupt die Zukunft haben, an die wir so selbstverständlich glauben. Das Leben ist schließlich lebensgefährlich, wie schon Erich Kästner wusste, und es passiert immer wieder, dass wir schmerzhaft daran erinnert werden.

Ich hatte eine Weile nichts von meiner Freundin Helen gehört. Das war nicht ungewöhnlich, schließlich sind wir beide berufstätig und haben wenig Zeit, uns zu treffen. Deshalb telefonieren wir zwischendurch. Ich rief also an und erkundigte mich: »Na, du hast wohl gerade viel zu tun?«

Schweigen am anderen Ende der Leitung. Dann sagte sie: »Nein, es ist nicht der Job. Georg hat einen bösartigen Gehirntumor.«

Als ihr Mann sich wegen einer kürzlich aufgetretenen Gleichgewichtsstörung durchchecken ließ, hatte man den Krebs entdeckt. Einige Wochen später starb er. Sein Tod erschütterte mich, doch es war noch nicht der letzte, mit dem ich im gleichen Jahr konfrontiert wurde.

Mein Presseagent wohnte in einer anderen Stadt, wir telefonierten regelmäßig miteinander. Im Laufe der Zeit war zwischen uns eine vertrauensvolle Beziehung entstanden, so dass wir uns nicht nur über die Arbeit, sondern auch über private Dinge austauschten. Wenn ich seine Nummer auf meinem Display erkannte, meldete ich mich gar nicht erst mit Namen, sondern sagte gleich: »Hallo Benno, wie geht´s?« So auch diesmal. Doch überraschend war nicht er, sondern seine Frau am Apparat: »Ich habe eine traurige Nachricht. Benno ist tot.« Ich konnte es nicht fassen. Völlig unerwartet war er einem Herzinfarkt erlegen. Er wurde nur 48 Jahre alt.

Innerhalb eines Jahres ohne Vorwarnung zwei gute Freunde zu verlieren, hat mich nicht nur traurig, sondern auch nachdenklich gemacht. Was ist eigentlich noch sicher? Wer sagt denn, dass mich nicht in Kürze das gleiche Schicksal erwartet? Der überraschende Tod von Menschen, die uns nahestehen, erinnert uns besonders heftig an unsere eigene Vergänglichkeit. Aber auch Terrorakte wie der Überfall auf den Pariser Club Bataclan, während eines Straßenfestes in Nizza oder auf dem Weihnachtsmarkt in Berlin haben eine ähnliche Wirkung. Schließlich hätte sich jeder von uns zufällig an einem dieser Orte aufhalten können. Aufrüttelnd wirken auch Nachrichten wie die, dass eine unbeteiligte 19-jährige Studentin bei einem illegalen Autorennen auf der Straße getötet wurde. Wahrscheinlich sind die Opfer voller Hoffnung auf einen guten Tag aus dem Haus gegangen, nicht ahnend, dass es ihr letzter sein würde.

Meist bedarf es eines aufrüttelnden Schocks, der uns bewusst macht, dass wir verwundbar sind. Das verdrängen wir nämlich gerne. Im Prinzip ist das auch gut so. Wir würden es kaum aushalten, mit der ständigen Vorstellung zu leben, dass es mit uns jederzeit zu Ende sein könnte. Trotzdem ist es wichtig, sich immer wieder daran zu erinnern, damit wir nicht alles Glück auf die Zukunft vertagen. In diesem Punkt ist die Haltung mancher Menschen äußerst leichtsinnig. Der Täuschung vom ewigen Leben erliegen etwa diejenigen, die das aktuelle Glück ihrer Karriere opfern, mit dem Ziel, sich mit vierzig oder fünfzig Jahren zur Ruhe zu setzen und endlich ihr Leben zu genießen – und dann macht ihnen eine stressbedingte Krankheit einen Strich durch die Rechnung.

Nach mir die Sintflut!

Das Bewusstsein unserer Endlichkeit kann zu der Einstellung führen: Wenn es schon keine Sicherheit gibt und ständig das Damoklesschwert von Krankheit und Tod über mir hängt, dann nehme ich eben jetzt mit, was ich kriegen kann. Man gibt den Blick in die Zukunft auf und erfüllt sich in puncto Gesundheit, Liebe, Freundschaft oder Geld seine Wünsche, ohne an spätere Konsequenzen zu denken.

Das macht durchaus Sinn, wenn klar ist, dass es tatsächlich kein Morgen gibt, weil man sich eindeutig in einer ausweglosen Lage befindet. Falls ein unabänderlicher Zustand keine Zukunft mehr zulässt, ist es legitim, nur noch auf das gegenwärtige Glück zu setzen, sofern man anderen Menschen damit nicht schadet.

Dazu entschloss sich die Seniorin Norma Bauerschmidt aus Ohio. Kurz nach dem Tode ihres Mannes erhielt sie die niederschmetternde Diagnose Gebärmutterkrebs, Stadium 4, nicht mehr viel zu machen. Der Plan der Ärzte sah Operation, Bestrahlung und Chemotherapie vor. Danach wäre die alte Dame für ihre letzten Monate in einem Hospiz untergekommen, um auf den Tod zu warten. Norma verzichtete jedoch auf eine konventionelle Behandlung. Sie verließ ihr Zuhause und quartierte sich im Wohnmobil ihres Sohnes ein, mit dem er und seine Lebensgefährtin schon seit längerem durch die USA fuhren. Das Reiseabenteuer veränderte die Todkranke, sie blühte auf, genoss die wundervolle Natur und die freundlichen Begegnungen auf den Campingplätzen. Wie glücklich sie auf der letzten Etappe ihres Lebens war, konnten Tausende auf der Internetseite »Driving Miss Norma« verfolgen, die ihr Sohn für sie eingerichtet hatte. Ein Foto zeigt sie lachend, mit einer coolen Sonnenbrille, neben sich ihren Pudel Ringo. Als sich ihr Zustand schließlich wie vorhergesehen rapide verschlechterte, organisierte ihre Familie ein mobiles Hospiz-Team. Norma schlief friedlich und ohne Schmerzen ein.

Man sollte sich allerdings rückversichern, dass es sich wirklich um einen »Point of no return« handelt, sonst kann das fatale Folgen haben. Die erlebte ein Unternehmer, der in der Talkshow »Nachtcafé« seine Geschichte erzählte. Ein Arzt hatte bei ihm eine tödliche Krankheit diagnostiziert und ihm höchstens noch ein Jahr gegeben. Daraufhin verkaufte der Mann seine Firma und gab das Geld mit vollen Händen aus. Soweit ich mich erinnere, führte er ein luxuriöses Leben in der Karibik. Anschließend stellte sich heraus, dass es sich um eine Fehldiagnose handelte, für ihn würde das Leben weitergehen. Jetzt lebt er von Sozialhilfe.

Normalerweise ist weder Resignation noch ein Tanz auf dem Vulkan der passende Umgang mit den Unwägbarkeiten des Lebens. Wir müssen für unser Glück eine Balance zwischen heute und morgen finden. Sinnvoll erscheint mir dazu eine Einstellung, wie sie Martin Luther geäußert haben soll: »Wenn ich wüsste, dass morgen die Welt unterginge, würde ich heute noch ein Apfelbäumchen pflanzen.« Was bedeutet, sich voll und ganz der Gegenwart zu widmen und gleichzeitig trotz aller Unsicherheit die Folgen für die Zukunft nicht aus den Augen zu verlieren. Das sollte auch für unser Glück gelten.

Wie sieht das Glück denn aus?

Ich darf mich sicher als eine Pionierin der Glücksforschung bezeichnen. Mit dem Thema Glück habe ich mich in meiner Dissertation schon zu einer Zeit beschäftigt, als sich in der Psychologie noch kaum jemand dafür interessierte. Mitte der 1980er Jahre befasste man sich vor allem mit unangenehmen Gefühlen und Erkrankungen wie Angst, Aggression und Depression. Das war schließlich wichtig für die Entwicklung von Medikamenten und zur Heilung von Patienten.

Seitdem hat sich jedoch hinsichtlich des Glücks enorm viel getan. Die Psychologie widmet sich inzwischen ebenso intensiv den

Ressourcen wie den Defiziten. Auch die Hirnforschung richtet ihr Interesse inzwischen auf positive Gefühle. Dabei erlauben neue bildgebende Verfahren, das Gehirn beim Denken und Fühlen zu beobachten. Sie machen sichtbar, wie und wo im Kopf Freude entsteht, wenn wir zum Beispiel ein schönes Bild betrachten oder an einen geliebten Menschen denken. Wir wissen heute tatsächlich sehr viel mehr über Glück und haben erkannt, wie wichtig es für das tägliche Leben ist: Glück macht gesund, indem es das Immunsystem anregt. Es macht schlau, denn in positiver Stimmung sind wir aufnahmefähiger und kreativer. Und es macht beliebt, weil eine positive Ausstrahlung anziehend wirkt. Vertagen wäre also wirklich äußerst unklug.

Da stellt sich natürlich die Frage, *was* uns denn überhaupt glücklich macht.

Das ist gar nicht so einfach zu beantworten. Auch wenn manche Experten das Gegenteil behaupten: Eine allgemein gültige Definition von Glück gibt es nicht. Daran haben sich Philosophen, Psychologen und Theologen bis heute die Zähne ausgebissen. Entweder erfassen sie das Glück nur teilweise, entsprechend ihrer persönlichen Ausrichtung, oder sie produzieren für ein Lexikon so dehnbare Begriffe wie »euphorisches Lebensgefühl«. Die gute Nachricht: Das macht nichts. Wir dürfen selbstbewusst unsere eigene Glücksdefinition bestimmen, denn es handelt sich um ein subjektives Gefühl, das sich zudem auf unterschiedliche Bereiche konzentriert. Die einen finden das Glück in der Liebe, die anderen leben ihre Berufung. Die einen fahren leidenschaftlich gerne Kanu, die anderen sind happy mit einem neuen Smartphone. Von »Mal eben kurz die Welt retten« bis »Only you« kann jeder für sich bestimmen, was ihn glücklich macht. Doch obwohl das Glück individuell ist, lässt es sich allgemein in zwei Kategorien einteilen: das Glück des Vergnügens und das Glück der Belohnung. Es ist wichtig, den Unterschied zwischen beiden zu kennen, denn nur so haben wir die Möglichkeit, uns passend um unser Glück zu bemühen.

Das Glück des Vergnügens enthält sämtliche Freuden, die eine sinnliche oder emotionale Komponente haben. Dazu zählen alle körperlichen Genüsse. Etwa an einem heißen Sommertag unter der kalten Dusche zu stehen, duftende reife Erdbeeren zu essen, eine Fußmassage zu bekommen, sich beim Sport auszupowern. Zum Glück des Vergnügens gehören ebenso Ereignisse, die Emotionen hervorlocken und Hochstimmung oder Begeisterung auslösen. Zum Beispiel im Stadion ein spannendes Fußballspiel zu verfolgen, einen romantischen Film zu sehen, ein Jazzkonzert zu hören, einen Sonnenuntergang zu betrachten oder sich auf einer Party zu amüsieren. Das Glück des Vergnügens kann natürlich auch von sublimer Art sein: Wir helfen einem anderen Menschen, bekommen ein Lob oder haben ein Aha-Erlebnis beim Lesen eines Sachbuches.

Typisch für das Glück des Vergnügens ist, dass es erlischt, sobald der betreffende Reiz vorüber ist, wenn also die Erdbeeren verspeist sind und die Sonne am Abend untergangen ist.

Während das Glück des Vergnügens nur kurz währt, ist das Glück der Belohnung langfristig angelegt. Es bedingt, dass wir eine Weile Frust ertragen, um etwas zu erreichen, das für uns Glück bedeutet. Zum Beispiel, wenn wir für einen Marathon trainieren, regelmäßig Klavierspielen üben, eine Sprache lernen, unsere Traumwohnung eigenhändig renovieren, eisern auf eine Reise oder ein Auto sparen, auf Fastfood verzichten, um schlank zu werden. Erst am Ende genießen wir dann das erhoffte Glück: das berauschende Gefühl, die Kilometer in Bestzeit zu laufen, Chopins Nocturnes fehlerfrei zu spielen, im Urlaub mit den Einheimischen in ihrer Sprache zu plaudern, die Wohnung in neuem Glanz zu sehen, im Flieger nach Neuseeland zu sitzen, einen Mercedes zu fahren oder sich um die Strandfigur beneiden zu lassen. Das Glück durch Belohnung anzustreben, ist kein Spaziergang, im Gegenteil, es kann sogar zunächst enormen Stress bedeuten. Aber frei nach Nietzsche gilt: Wer das Warum kennt, erträgt auch das Wie. Was wir auf diese Weise an ideellen oder materiellen Dingen erreichen, besitzt einen besonderen Wert für uns, schließlich haben wir uns intensiv dafür engagiert. Außerdem weist der längere Weg noch einen positiven Nebeneffekt auf: Wir entwickeln so unsere Persönlichkeit, denn wir müssen dafür Stärken wie Durchhaltevermögen, Geduld, Lerneifer, Disziplin und Konsequenz aufbringen.

Hole dir das Glück

Beide Glücksarten sind gleich wichtig. Sie haben allerdings unterschiedliche Funktionen für unser Leben.

Das Glück des Vergnügens brauchen wir, um unsere Lebensfreude zu erhalten. Wer nur seine Aufgaben erfüllt, im beruflichen Hamsterrad läuft, sich für einen Pflegefall aufopfert oder sich ausschließlich der Familie widmet, ist am Ende ausgebrannt und wird depressiv. Natürlich müssen wir unsere Pflicht tun, aber wir sollten sie regelmäßig mit einer Kür unterbrechen, um durch Freude neue Energie zu gewinnen. Das sagt sich so leicht, ist aber schwer umzusetzen.

Ich weiß, wovon ich rede. Wenn ich mit einer Deadline für einen Psycho-Test oder einen Artikel unter Druck stehe, dann ignoriere ich gerne meine eigenen Ratschläge. Dabei kenne ich die Ergebnisse der Arbeitspsychologie genau und weiß, dass es sinnvoll ist, regelmäßig eine Pause zu machen. Stattdessen blockiere ich mich selbst. Mal kurz rausgehen und ein Eis essen? Sorry, dazu habe ich jetzt gar keine Zeit.

Wie mir geht es vielen anderen. Wir lassen uns von unseren Aufgaben vereinnahmen und verweisen gerne darauf, dass es wirklich nicht passt. Das Glück des Vergnügens muss warten, vielleicht bis zum

Wochenende oder sogar bis zum nächsten Urlaub. Ganz falsch! Zeit, die wir uns nicht nehmen, werden wir nie haben. In dem Fall ist es sinnvoll, sich auch mal zum Glück zu zwingen. Meine letzte Aktion in dieser Hinsicht war es, mir schon Tage vorher eine Kinokarte zu besorgen, damit ich mir trotz hohem Arbeitsdruck den Film auch tatsächlich ansehen würde. Andernfalls hätte ich garantiert gesagt: »Ach, der Streifen kommt bestimmt irgendwann im Fernsehen, ich arbeite lieber durch.« Tatsächlich hat mich der Film inspiriert und mir neuen Schwung für den Schreibtisch gegeben.

Hilfreich ist es auch, in einer ruhigen Stunde eine Liste der kleinen und großen Vergnügungen zu erstellen, die einen bisher glücklich gemacht haben. Da kommt sicher einiges zusammen: mit der besten Freundin telefonieren, mit einem guten Freund ein Bier trinken, am Auto basteln, auf den Flohmarkt gehen, eine Ausstellung besuchen, die Katze streicheln, ein kaltes Glas Weißwein trinken, im Internet surfen, jemandem ein Geschenk machen. Wenn uns demnächst vor lauter Arbeit nicht einfällt, welches Glück wir in unseren Alltag bringen können, dann werfen wir einfach einen Blick darauf, ähnlich wie auf die Speisekarte im Restaurant. Also, heute hätte ich Lust auf … Das setzen wir dann konsequent um.

Manchmal haben wir sogar die Möglichkeit, das flüchtige Glück des Vergnügens noch ein wenig festzuhalten: Souvenirs können es verlängern, zum Beispiel die CD vom Rockkonzert, der Fanartikel vom Fußballspiel, die Schnappschüsse von der Party. Wenn wir sie hören oder sehen, erleben wir das Glück in unserer Vorstellung noch einmal. Auch unser schönes Erlebnis anderen mitzuteilen, etwa indem wir Freunden davon vorschwärmen, verdoppelt das Wohlgefühl.

Und noch ein Tipp: Man sollte meinen, das Vergnügen ließe sich verlängern, indem man den jeweiligen Genuss so schnell wie möglich wiederholt. Aber das funktioniert gerade nicht. Wenn wir uns in kurzen Abständen demselben Vergnügen hingeben, führt das zur Gewöhnung, wir stumpfen ab. In der Neurologie spricht man von

Habituation oder Adaption. Eigentlich logisch: Isst ein Schokoladenliebhaber eine Tafel nach der nächsten, hängt ihm die Süßigkeit bald zum Hals heraus. Wer zehn Mal hintereinander dem tollen Sommerhit lauscht, der ihn beim ersten Mal so glücklich gemacht hat, kann ihn am Ende nicht mehr hören. Unsere Nervenzellen brauchen zwischendurch Ruhepausen. Erst wenn sie sich erholt haben und den alten Reiz als neu empfinden, stellt sich das Glück des speziellen Vergnügens wieder ein. Deshalb ist es sinnvoll, zwischen gleichen Genüssen etwas Zeit vergehen zu lassen.

Während das Glück des Vergnügens unser Dasein lebenswert macht, verleiht ihm das Glück der Belohnung Substanz. Es hat ein größeres Format, weil es direkter mit unseren Herzenswünschen und Träumen verbunden ist. Vertagen wirkt sich hier besonders fatal aus, denn unerfüllte Wünsche und ungelebte Träume können am Ende zu Bitterkeit und Reue führen. Dabei wäre das gar nicht nötig. Wenn wir ehrlich sind, ließen sich die meisten Wunschträume mit einem angemessenen Vorlauf hinsichtlich Zeit, Sparen, Organisation oder Lernen durchaus realisieren. Wir haben nämlich viel mehr selbst in der Hand, als wir glauben. Die Hürden, die uns daran hindern, uns auf den Weg zur Erfüllung zu begeben, sind fast immer selbstgemacht. Sie heißen Angst, Bequemlichkeit, geringes Selbstvertrauen, Sicherheitsdenken, wenig Disziplin oder falsche Einstellung.

Doch statt bei uns selbst anzusetzen, begründen wir lieber mit äußeren Umständen, warum es uns derzeit absolut unmöglich ist, den Weg zum persönlichen Glück einzuschlagen. Wir nutzen sie als Alibi zum Vertagen: Wenn ich erst mal mehr verdiene … die Prüfung geschafft habe … die Kinder größer sind … mein Mann (meine Frau) endlich zustimmt … ich wieder fit bin … die Preise fallen … mein Partner (meine Partnerin) sich ändert … ich abgenommen habe … dieses Projekt im Job abgeschlossen ist … ich eine Aushilfe gefunden habe … ich diese Sprache beherrsche.

Es ist mehr möglich, als wir glauben

Dass es meist weniger die Umstände sind, sondern eher innere Barrieren, die uns das Glück der Belohnung vertagen lassen, beweist die Erfahrung der Hamburger Journalistin Meike Winnemuth. Nachdem sie in Günther Jauchs Quizshow eine halbe Million Euro gewonnen hatte, erfüllte sie sich ihren Traum vom Glück. Ein Jahr lang reiste sie um die Welt und besuchte dabei zwölf Hauptstädte. Unterwegs schrieb sie für Zeitschriften über ihre Erfahrungen. Wieder daheim zog sie ein erstaunliches Fazit: Ihren Traum vom Glück hätte sie sich auch ohne den spektakulären Geldgewinn erfüllen können – wenn sie sich einfach getraut hätte.

Aber gibt es nicht tatsächlich Situationen, in denen es unmöglich ist, seinen Traum zu leben? Das will ich nicht bestreiten. Wenn das wirklich der Fall ist, gilt es, sich bewusst davon zu verabschieden. Doch das darf nicht vorschnell geschehen, erst sollte man kreativ sämtliche Möglichkeiten ausschöpfen. Seit ich Stefan Kovac kenne, hat sich mein Glaube an die Bedeutung der äußeren Umstände wesentlich verringert. Nach einem tragischen Unfall ist der junge Mann vom Hals ab querschnittsgelähmt. Das hat ihn aber keineswegs daran gehindert, mit Freunden eine Pizzeria zu eröffnen, eine attraktive, liebevolle Freundin zu finden und sich seinen Traum vom Reisen zu erfüllen. Wie viel mehr Möglichkeiten haben im Vergleich dazu die meisten von uns? Also Schluss mit Ausreden! Fragen wir uns ernsthaft: Wofür lebe ich eigentlich? Was will ich unbedingt noch erreichen? Was würde mir fehlen, wenn ich es nie täte oder bekäme? Jetzt ist die Zeit, zumindest die ersten Schritte zu tun.

Man könnte nun einwenden, auf das Glück der Belohnung zu setzen sei nur eine Variante des Vertagens: Man strengt sich in der Gegenwart an, nimmt auch ungeliebte Aufgaben in Kauf, um später glücklich den Erfolg zu ernten – wobei es dafür oft nicht einmal eine Garantie gibt. Doch es macht durchaus einen Unterschied, ob wir Ausreden finden, um passiv im Status quo zu bleiben, oder ob wir uns auf den Weg zu unserem Glück machen. Hier gilt nämlich: Der Weg ist das Ziel. Es fühlt sich anders an, als ein falsches Leben weiterzuführen.

Tatsache ist aber auch, dass wir Glück nur in der Gegenwart empfinden können. Von daher ist es sinnvoll, mit einem kleinen Trick zu arbeiten, um die Belohnung, die eigentlich erst am Ende winkt, als Vorgeschmack schon heute zu genießen. Die Amerikaner haben dazu das schöne Sprichwort »Fake it till you make it« – »Tu so als ob, bis du es geschafft hast«. Angenommen, wir hätten unser Endziel schon erreicht, was würden wir dann tun? Was würden wir denken? Wie würden wir uns verhalten? Das können wir auf die Gegenwart übertragen und damit aktuell Glücksgefühle auslösen.

Eine Bekannte von mir träumt davon, als Moderatorin beim Fernsehen zu arbeiten. Dafür tut sie alles, nimmt an Moderationsseminaren teil, bewirbt sich, geht zu Castings. Solange sie kein Sender vor die Kamera holt, verschafft sie sich ihr zukünftiges Glücksgefühl als Moderatorin schon jetzt, indem sie interessante Menschen aus ihrem Umfeld interviewt und die Gespräche als Videos auf YouTube hochlädt.

Eine Naturliebhaberin in meiner Nachbarschaft, die sich einen Garten wünscht, aber nur über einen Balkon verfügt, hat die fünf Quadratmeter mit selbstgezogenen Pflanzen in eine kleine Oase verwandelt. Die genießt sie, bis sie so viel angespart hat, dass sie in eine Wohnung mit Garten umziehen kann.

Denjenigen, deren Traum vom Glück keine konkrete Umsetzung im Kleinen erlaubt, bleibt immer noch die Vision. Die Augen zu schließen und sich vorzustellen, man habe das Ziel schon erreicht, löst sofort Glücksgefühle aus. Grund hierfür ist, dass unser Unterbewusstsein keinen Unterschied zwischen Realität und Fantasie macht. Wenn wir uns vorstellen, in eine saure Zitrone zu beißen, wird unser Mund so trocken, als ob wir tatsächlich in die Frucht gebissen hätten.

Visionen und die Methode »So tun als ob« helfen uns, auf dem oft mühsamen Weg schon jetzt Glück zu empfinden. Außerdem sind sie eine gute Vorübung dafür, das Glück der Belohnung voll auszukosten, sobald wir es erreicht haben.

Warum es eine Sünde ist, sein Glück zu vertagen

Damit wir uns nicht missverstehen: Es geht nicht nur darum, noch schnell so viel Glück wie möglich mitzunehmen, bevor ein unwägbares Schicksal zuschlagen kann. Sehen wir es einmal von einer höheren Warte. Wir sind auf der Welt, um uns zu entfalten und zu wachsen. Das ist ein zutiefst menschliches Bedürfnis. Manchmal zwingen uns Schmerz und Krisen zu innerem Wachstum, doch über die Suche nach dem Glück kann es freiwillig und auf erfreuliche Weise geschehen. Indem wir unsere einzigartigen Interessen verfolgen und uns bemühen, unsere Herzenswünsche zu erfüllen, entfalten wir unser Potenzial. Vertagen bedeutet hingegen, dass wir uns und unser Leben nicht wichtig genug nehmen. Deshalb ist es weder Hedonismus – eine an momentanen Genüssen orientierte Lebenseinstellung – noch verwerflicher Egoismus, wenn wir unser Glück in vielfältiger Form in der Gegenwart durchsetzen. Im Gegenteil, für unsere Entwicklung ist es eine Notwendigkeit. In Sachen Glück sollten wir es deshalb mit dem Sprichwort aus dem Talmud halten: Wer, wenn nicht ich? Wo, wenn nicht hier? Wann, wenn nicht jetzt?

Pflege deine Gedanken

»Cogito ergo sum« – ich denke, also bin ich, lautet der berühmte Satz des französischen Philosophen René Descartes. Gedanken waren für ihn der eindeutige Beweis seiner Existenz. Ich erlaube mir, Descartes'

Satz umzudrehen: »Ich bin, also denke ich.« Schließlich tun wir es den lieben langen Tag, es ist uns so selbstverständlich wie das Atmen. Wenn wir uns beobachten, stellen wir fest, dass wir permanent innere Selbstgespräche führen. Meist dienen sie dazu, den Alltag zu organisieren oder alltägliche Probleme zu lösen. Deshalb fällt es uns wahrscheinlich kaum auf, dass unsere Gedanken schöpferische Kraft besitzen. Was wir denken, beeinflusst unser Verhalten und damit, was uns geschieht. Der US-Autor Mike Dooley bringt es auf eine griffige Formel: Gedanken werden Dinge.

Uns ist meist nicht bewusst, wie sehr wir unser Leben durch unser Denken programmieren. Doch schon die Weisen aller Zeiten wussten, dass wir in gewisser Weise die Schöpfer unserer Welt sind. Der antike Philosoph Epiktet sagt: »Es sind nicht die Dinge, die uns beunruhigen, sondern die Meinung, die wir von den Dingen haben.« Für die hawaiianische Huna-Tradition gilt der Grundsatz: »Ike – die Welt ist so, wie du denkst, dass sie ist.« Im Dhammapada, einer Sammlung alter buddhistischer Texte, heißt es: »Alles, was wir sind, entsteht durch unsere Gedanken. Mit unseren Gedanken erschaffen wir die Welt.«

All das besagt, dass wir durch unsere Gedanken unsere persönliche Erfahrung kreieren. Wenn wir etwa denken, die Welt sei voller Gefahren, verhalten wir uns so, dass wir größtmögliche Sicherheit erreichen. Sehen wir unsere Umgebung als feindlich an, reagieren wir aggressiv und rufen dadurch bei unserem Gegenüber Widerstand hervor. Halten wir uns für ein Glückskind, gehen wir offen auf andere zu und begegnen, welch' Wunder, freundlichen Menschen, die uns gerne unterstützen.

Sogar unsere Zukunft erschaffen wir durch unser Denken, nämlich im Sinne einer sich selbst erfüllenden Prophezeiung. Wer vermutet, dass der nächste Urlaub ein Desaster wird, hat beste Chancen, sich in der schönsten Zeit des Jahres im Hotel über laute Zimmernachbarn zu ärgern und mit dem Mietwagen übers Ohr gehauen zu werden.

Was dabei wie eine fast magisch anmutende Anziehung von Pech erscheint, lässt sich psychologisch erklären: Wir richten unsere Aufmerksamkeit auf das, was wir befürchtet haben, und ignorieren, was gut läuft. Erwarten wir dagegen, dass wir eine wunderbare Zeit verbringen werden, dann fokussieren wir uns auf das Gute und blenden das weniger Angenehme aus. Wir genießen den schönen Pool, den netten Service und das tolle Essensbüfett. Der Lärm im Nebenzimmer? Kein Problem, wir gehen an die Bar, und wenn wir zurück sind, schlafen die Krachmacher längst. Der Mietwagen springt nicht an? Das können wir morgen regeln. Machen wir heute unseren Ausflug mit dem Bus, das ist doch ohnehin bequemer.

Wenn es stimmt, dass wir mit unseren Gedanken weitgehend unsere Welt beeinflussen, dann könnten wir doch ab sofort beschließen: Fein, ich schaffe mir mit meinen Gedanken ein angenehmeres Leben als bisher. Im Prinzip ist das der richtige Weg, nur lässt sich das leider nicht einfach per Willenskraft umsetzen. In diesem Punkt ist unser Gehirn wesentlich komplizierter als ein Computer, bei dem wir Unnützes mit einem Mausklick löschen und Sinnvolles ruckzuck hineinkopieren können. Wenn wir an unserem Denken etwas verändern möchten, kommen wir nicht umhin, uns zunächst intensiv mit unseren angeborenen und erlernten Denkmustern zu befassen.

Wir bringen unsere Denkart mit

Noch bis in die 1960er Jahre, der Blütezeit der Verhaltenspsychologie, nahm man an, ein Kind käme als Tabula rasa, als unbeschriebenes Blatt zur Welt. Diese Sichtweise hatte seinerzeit durchaus ihr Gutes. Sie regte etwa dazu an, Kinder zu fördern. Nur – sie stimmte leider nicht. Kinder sind nicht allein das Produkt ihrer Umgebung, sondern bringen schon bei ihrer Geburt bestimmte Eigenschaften mit.

Manchmal begegnen mir auf der Straße Erzieherinnen mit einer Schar von Kindergartenkindern auf dem Weg zum Spielplatz. Ich bin immer wieder erstaunt, wie verschieden die Kleinen in ihrem Gesichtsausdruck und ihrem Verhalten sind: Einige schauen ängstlich, andere neugierig, einige plappern ununterbrochen, andere trödeln verträumt hinter der Gruppe her. Auch Mütter und Väter mit mehreren Kindern können bestätigen, dass ihr Nachwuchs schon mit unterschiedlichen Eigenheiten auf die Welt gekommen ist. Zum Teil ist unsere Persönlichkeit tatsächlich von Anfang an festgelegt.

Einer der führenden Forscher auf dem Gebiet angeborener Eigenschaften ist der Psychologe Robert McCrae vom National Institute of Aging in Baltimore. Seine »Five Factor Theory of Personality« besagt, dass vor allem fünf Bereiche der Persönlichkeit eine erbliche Komponente aufweisen und deshalb ein Leben lang ziemlich stabil bleiben. Fest liegt demnach, wie ausgeglichen wir gefühlsmäßig sind, wie offen wir uns gegenüber neuen Erfahrungen zeigen, wie umgänglich wir auftreten, wie gewissenhaft wir uns verhalten und welches Temperament wir besitzen.

All diese Merkmale – man nennt sie auch die »Big Five« – haben Einfluss auf unser Denken. Sie bestimmen zum Beispiel, ob wir eher analytisch oder intuitiv denken, mehr gründlich oder oberflächlich. Ein sehr gewissenhafter, zurückhaltender Mensch denkt anders als einer, der gerne Fünfe gerade sein lässt und leicht Kontakte knüpft. Es ist wichtig, dass wir unser Naturell und die damit verbundenen Denkmuster erkennen und akzeptieren. Versuchen wir also gar nicht erst, unsere Art zu denken völlig umzukrempeln.

Trotzdem bedeutet das nicht, dass wir zu starrem Denken oder Handeln verdammt wären. Innerhalb unserer ererbten Grenzen sind wir recht flexibel. Als besonnener Mensch kann man Grübeleien gegensteuern und lockerer werden. Und wer normalerweise eher spontan reagiert, ist durchaus in der Lage, erst einmal über mögliche Folgen nachzudenken, bevor er loslegt.

Denkmuster werden gelernt

Unsere Art zu denken ist jedoch nicht nur angeboren, sie wird auch geformt. Schließlich bringen uns andere Menschen ebenso wie das Sprechen das Denken bei. Über viele Jahre nehmen wir als Kleinkinder ungefiltert auf, was uns die Erwachsenen in unserer Umgebung vermitteln. Handelt es sich dabei um gute, unterstützende Dinge, ist das wunderbar. Gute Erfahrungen stärken uns und geben Selbstvertrauen. Doch leider wird uns auch viel Negatives eingetrichtert. In der Kindheit verfügen wir über keinen Schutzpanzer gegen schädliche Einflüsse. Das liegt unter anderem daran, dass uns Lebenserfahrung und Wissen fehlen, um sie richtig einzuordnen.

Die Erziehung und Erlebnisse in Kindheit und Jugend prägen uns und haben großen Einfluss darauf, wie wir heute die Welt sehen. Falls wir in dieser Zeit schlechte Erfahrungen gemacht haben, ist das aber noch lange kein Grund, zu verzweifeln. Sofern es sich nicht um schwerwiegende Erlebnisse handelt, die eine psychotherapeutische Unterstützung erforderlich machen, ist es uns als Erwachsene möglich, unser Denken zum großen Teil selbst zu korrigieren. Als Wegweiser kann uns eine Typologie des Denkens dienen.

Ganz gleich, ob nun die Gene oder die Umwelt unser Denken beeinflusst haben, das Ergebnis lässt sich in zwei Arten einteilen: pessimistisches und optimistisches Denken.

Pessimismus bezeichnet eine Sichtweise, in der man von negativen Erwartungen ausgeht. Optimismus ist der Gegenpol, man ist vom Guten überzeugt. Beides kann sich zu einer Grundhaltung verfestigen. Im ersten Fall sehen wir alles, was uns geschieht, permanent durch eine dunkle Brille, im zweiten Fall beurteilen wir es generell positiv. Die Basis dafür sind unsere »Glaubenssätze«. Sie bilden ein festes Denkgerüst, mit dem wir interpretieren, was uns im Leben begegnet. Dazu gehört unsere Meinung über Männer und Frauen, die Menschheit, das Leben, Freundschaft, Liebe, Sexualität, Alter oder Geld.

Es lohnt sich, einmal in Ruhe zu überlegen, wie wir zu wichtigen Bereichen unseres Daseins stehen. Durch eine Prüfung unserer Glaubenssätze können wir feststellen, ob wir grundlegend negativ oder positiv denken. Sind wir der Überzeugung, die Menschen würden immer egoistischer, das Leben sei ein Kampf, Sexualität wäre schmutzig, wahre Freundschaft gäbe es nicht, Alter sei ein Kreuz und Geld die Wurzel allen Übels? Dann haben wir eine pessimistische Grundeinstellung. Oder halten wir die Menschen grundsätzlich für gut, das Leben für eine Schule, Sex für ein Vergnügen, Freunde für eine Bereicherung, Alter für den Hort der Weisheit und Geld für erstrebenswert? Dann dürfen wir uns zu denjenigen zählen, die optimistisch eingestellt sind.

Pessimistische und optimistische Gedanken kommen aber nicht nur als Grundhaltung vor, sie können auch punktuell in bestimmten Situationen auftreten. Vielleicht denken wir vor einer Prüfung oder einem Vorstellungsgespräch pessimistisch: »Oh je, das wird hart, wer weiß, ob ich das schaffe?« oder optimistisch: »Ich gebe mein Bestes, das wird schon klappen.«

Halb voll oder halb leer – was ist besser?

Wenn wir eine wirksame Strategie für unser Denken finden wollen, ist es sinnvoll, die beiden Denkarten miteinander zu vergleichen: Welche bringt die besseren Ergebnisse? Spontan könnte man sagen: Ist doch klar, die optimistische! Doch so simpel ist das nicht. Sicher, auf den ersten Blick hat Optimismus mehr Charme. Bei Pessimismus denkt man sofort an Miesepeter, die einem jeden Spaß verderben und immer das Haar in der Suppe finden.

Aber ein blauäugiger, naiver Optimismus ist gefährlich, denn er führt zu unkalkuliertem Risiko. Jens Weidner, Erziehungswissenschaftler und Vorstand des Hamburger Clubs der Optmisten, spricht von verzerrter Risikoeinschätzung. Manchmal sind Zweifel und Skepsis – Eigenschaften des Pessimismus – durchaus wichtig und nützlich. Man denke nur an die optimistische Kreditvergabe der Banken an mittellose Hausbesitzer in den USA. Die Folge war ein gigantischer Finanzcrash. Da wäre etwas mehr Pessimismus sehr nützlich gewesen.

Grundlage für die negative oder positive Bewertung einer Situation, einer Person, einer Aufgabe, eines Angebots oder eines materiellen Gegenstandes sollte in jedem Fall zunächst eine realistische Bestandsaufnahme sein. Sie beruht auf Fakten, die sich objektiv beschreiben lassen. Das heißt, dass jeder andere sie genauso wahrnimmt wie man selbst, etwa dass das gebuchte Hotel an einer vielbefahrenen Straße liegt. Oder sie sind wissenschaftlich belegt: Im Tabakrauch finden sich mindestens vierzig krebserregende Substanzen. Ob man nun Optimist oder Pessimist ist – es gilt zunächst, genau hinzuschauen und Informationen zu sammeln, ohne sie zu bewerten. Um das berühmte Beispiel zu zitieren: Ein zur Hälfte gefülltes Glas enthält eine genau berechenbare Menge Flüssigkeit – und zwar für die Vertreter beider Denkarten. Genau hinzuschauen und zu akzeptieren, was man sieht, ist eine Grundvoraussetzung. Erst dann dürfen sich in der Beurteilung die Geister scheiden: Pessimisten bezeichnen das Glas als halbleer, Optimisten als halbvoll.

Schauen wir uns doch einmal an, wie sich die beiden Art zu denken auf wichtige Bereiche unseres Lebens auswirken.

Gesundheit: Dass Gedanken den Körper beeinflussen, lässt sich mit einem interessanten Experiment beweisen, das jeder leicht selbst ausprobieren kann. Ich habe es schon häufig in Seminaren eingesetzt, um die physische Auswirkung der beiden Denkarten zu demonstrieren.

Ich bitte jemanden, der mir offensichtlich kräftemäßig überlegen ist, seinen linken Arm gerade zur Seite auszustrecken. Dann fordere ich ihn auf, etwas Positives über sich zu denken, an das er glaubt. Zum Beispiel »Ich sehe gut aus« oder »Ich bin intelligent«. Gleichzeitig bemühe ich mich, den ausgestreckten Arm herunterzudrücken, während die Versuchsperson mit aller Kraft dagegenhält. Bisher ist mir das trotz maximaler Anstrengung noch nie gelungen. Nun bitte ich die Versuchsperson, etwas Negatives über sich zu denken, etwa »Ich bin ungeschickt« oder »Ich kann schlecht rechnen«. Dabei soll sie wieder kräftig meinem Druck auf ihren Arm standhalten. Zur Verblüffung der Zuschauer gelingt es mir diesmal, sogar den Arm eines starken Mannes mühelos herunterzuklappen. Offenbar schwächt schon ein einziger pessimistischer Gedanke unsere Muskeln.

Im Krankheitsfall mobilisieren Optimisten durch positive Gedanken ihre Selbstheilungskräfte. Lawrence LeShan, einer der Pioniere der psychotherapeutischen Krebsbehandlung, konnte in seiner langjährigen Praxis feststellen, dass schwer erkrankte Patienten länger lebten und teilweise sogar wieder gesund wurden, wenn es ihnen gelang, ihren persönlichen Lebenssinn zu entdecken und ihn optimistisch zu verfolgen.

Berufliche Tätigkeit und Erfolg: Optimistische Menschen haben mehr Hoffnung, dass ihnen etwas gelingt, als pessimistische. Von daher sind sie meist bereit, auch schwierige Aufgaben anzugehen. Es liegt auf der Hand, dass sie damit eine größere Chance haben, ihr Potenzial zu entfalten. Selbst wenn sie am Ende scheitern sollten, sammeln sie doch Erfahrung und können ihre Fähigkeiten anschließend besser einschätzen. Wer dagegen pessimistisch »Das schaffe ich nicht« denkt, lehnt eher ab, wenn sich ihm eine Herausforderung bietet. Damit macht er zwar keinen Fehler, bleibt aber in seiner Komfortzone und entwickelt sich nicht weiter.

Mit optimistischen Gedanken legt man offenbar auch die eigene Messlatte höher. Weil man daran glaubt, die persönliche Leistung steigern zu können, gibt man nicht so schnell auf. So hat man festgestellt, dass Profisportler, die ein gutes Ergebnis für möglich halten, tatsächlich zu höheren Leistungen fähig sind. Kürzlich sah ich mir eine Etappe der Tour de France im Fernsehen an. Der Kommentator sprach über einen erfolgreichen Teilnehmer des Rennens: »Vor drei Jahren hat er mir in einem Interview erzählt, er würde gerne einmal auf der Tour mitfahren, er traue sich das zu. Damals habe ich gedacht ›Träum weiter, mein Junge‹. Nun hat er es tatsächlich geschafft.«

Beziehungen: Weder Optimisten noch Pessimisten sind vor negativen Erfahrungen gefeit, doch sie verarbeiten sie unterschiedlich. Angenommen, jemand wird bei einem ersten Date versetzt. Am vereinbarten Treffpunkt wartet er vergeblich. Ein Pessimist neigt dazu, das auf sich zu beziehen: »Er (sie) ist nicht gekommen, weil ich nicht attraktiv genug bin.« Außerdem verallgemeinert er: »Ich wusste es doch, alle Männer (Frauen) sind unzuverlässig.« Ein Optimist ist gewiss genauso betroffen, betrachtet das Erlebnis aber als eine singuläre Erfahrung: »Für diesen Mann (diese Frau) bin ich offenbar nicht anziehend genug, aber für andere bin ich es durchaus.« Außerdem generalisiert er nicht, sondern denkt: »Dieser Mann (diese Frau) hat die Verabredung nicht eingehalten. Es gibt aber auch zuverlässige Menschen.«

Positive Erfahrungen mit anderen bezieht ein Pessimist dagegen nicht auf sich. Wenn er eine Einladung erhält, liegt für ihn der Gedanke nahe: »Die haben mich nur aus Pflichtgefühl eingeladen.« Ein Optimist dagegen glaubt: »Die haben mich eingeladen, weil ich so eine interessante Persönlichkeit bin.«

Gewiss leuchtet ein, dass es Menschen mit optimistischer Einstellung nach einer schlechten Erfahrungen leichter gelingt, sich erneut auf eine Liebesbeziehung oder Freundschaft einzulassen. Schließlich sind sie weniger verbittert als Pessimisten. Gute Erfahrungen wiederum machen Optimisten selbstbewusst und damit für andere anziehend, während sie auf Pessimisten kaum Auswirkungen haben.

Betrachtet man die drei wichtigen Lebensbereiche – Gesundheit, beruflichliche Tätigkeit und Beziehungen –, dann haben Optimisten eindeutig die Nase vorn. Wir können also das Fazit ziehen: Vorausgesetzt, man berücksichtigt die objektiven Fakten, dann lohnt es sich, pessimistische Gedanken durch optimistische zu ersetzen.

Meist ist uns gar nicht bewusst, dass wir pessimistisch denken. Doch durch bewusstes Beobachten und Achtsamkeit können wir unsere schwarzen Gedanken dingfest machen. Etwa wenn uns durch den Kopf geht: »Es hat ja doch keinen Zweck«, »Das geht garantiert schief«, »Warum passiert das ausgerechnet mir?«, »Das ändert sich nie«, »Keiner liebt mich«, »Ich bin hier doch nur überflüssig«. Am besten notieren wir die Sätze, die wir durch aufmerksame Kontrolle unserer Denkgewohnheiten herausgefunden haben. Damit haben wir nämlich die konkrete Basis, auf der wir etwas verändern können.

Schicken wir jeden Glaubenssatz und jeden aktuellen Gedanken einfach durch den Filter der Nützlichkeit: Tut er mir gut? Stärkt er mich? Macht er mich fähig? Macht er mich glücklich, liebevoll oder mutig? Gibt er mir den Impuls, mit Zuversicht an mir zu arbeiten oder eine Situation tatkräftig zu ändern? Sobald wir erkennen, dass ein Gedanke nicht hilfreich ist, gibt es keinen vernünftigen Grund, weiter an ihm festzuhalten. Also sagen wir uns: Ich lasse diesen Gedanken jetzt los. Dazu kann man sich bildlich vorstellen, dass er wie ein Luftballon auf Nimmerwiedersehen in den Himmel schwebt. Manchmal hilft auch einfach ein schnelles, energisches »Stopp«, um negative Gedanken zu vertreiben.

Unnütze pessimistische Gedanken zu stoppen, ist schon die halbe Miete. Als nächstes gilt es, stattdessen optimistische Gedanken zu fördern. Auch dazu können wir den Filter benutzen: Wenn mir dieser negative Gedanke schadet, wie müsste derjenige lauten, der mir nützt? Angenommen, wir haben einen Fehler gemacht und denken: »Wie dumm von mir! Wie konnte mir das nur passieren?«, dann liegt auf der Hand, dass dieser Selbstvorwurf wenig konstruktiv ist. Eine optimistische Formulierung könnte so klingen: »Das ist nun mal geschehen, ich kann es nicht ändern. Ich werde daraus lernen, damit mir das nicht wieder passiert.«

Oder: Wir erhalten eine verlockende Einladung, haben aber ausgerechnet an diesem Tag keine Zeit. Ärgerlich denken wir: »Natürlich, wenn ich schon mal eingeladen werde, dann kommt garantiert etwas dazwischen.« Das lässt sich positiv verwandeln: »Ich freue mich, dass man mich eingeladen hat. Bestimmt klappt es beim nächsten Mal.«

Manchmal reicht es schon, eine Tatsache einfach nur umzubenennen, um eine optimistische Einstellung zu bekommen. So spricht man in der Wirtschaft gerne statt von einem »Problem« von einer »Herausforderung«. Obwohl die objektive Schwierigkeit durch eine andere Formulierung keineswegs aus der Welt geschafft wird, macht das durchaus einen Unterschied. Bei dem Wort »Problem« taucht sofort eine Assoziationskette zu »schwer«, »schwierig«, »Hindernis«, »unlösbar« auf. Bei »Herausforderung« assoziiert man hingegen eher »Mut«, »Stärke«, »bewältigen«. Sagt man »entspannend« statt »langweilig«, so ist ein ödes Ereignis plötzlich weniger frustrierend. Worte haben eine Magie, die wir auf diese Weise nutzen können.

Wir haben die freie Gedankenwahl

Es gibt zweifellos eine Wechselwirkungen zwischen der geistigen und der materiellen Ebene. Wir können über Gedanken unsere Energie herunterfahren oder erhöhen – und damit Einfluss auf unsere Lebensumstände nehmen. Jedem mental und psychisch gesunden Menschen ist es möglich, zu entscheiden, was er denken will. Es ist unsere freie Wahl, ob wir unser Gehirn mit etwas beschäftigen, das uns bremst oder das uns fördert. Einleuchtend ist sicher auch, dass wir mit Hilfe eines vernünftigen optimistischen Denkens mehr erreichen als mit Pessimismus. Motto: Wenn dir das Leben Zitronen serviert, mach Limonade daraus. Falls unsere Einstellung uns bisher nicht glücklich gemacht hat, dann haben wir jetzt das Handwerkszeug, um eine neue konstruktive Sichtweise zu entwickeln.

Doch dazu noch ein warnender Hinweis: Pessimistischen Gedanken Paroli zu bieten bedeutet nicht, sie gewaltsam zu unterdrücken. Uns werden gewiss immer wieder Dinge geschehen, die uns belasten oder die uns traurig und wütend machen. Es ist völlig in Ordnung, darauf entsprechend zu reagieren. Wer aus seinem Denken alles Negative verbannen will, muss notwendigerweise scheitern.

Inzwischen weiß man, dass die einseitige Philosophie des »Positiven Denkens« sogar zu Depressionen führen kann. Sie suggeriert nämlich, dass wir mit positiven Gedanken alles erreichen können, ganz nach dem Motto: Wenn ich immer positiv denke, dann passieren mir ausschließlich großartige Dinge. Solche Kausalverknüpfungen machen unglücklich, weil wir uns, falls es nicht klappt, mit Selbstvorwürfen quälen: Mir ist ein Unglück geschehen? Ich habe nicht bekommen, was ich mir intensiv gewünscht habe? Dann habe ich wohl zu negativ gedacht, ich habe also versagt.

Wir sollen kein Smiley werden, das sich seine Welt krampfhaft schön denkt. Es geht vielmehr darum, dass wir uns nicht länger durch pessimistische Gedanken im Alltag unbewusst und unnötig daran hindern, unser volles Potenzial zur Verfügung zu haben. Ziel ist es, sich auch in herausfordernden Situationen des Lebens auf die positiven Aspekte der Realität zu konzentrieren, anstatt sich selbst niederzumachen oder in Selbstmitleid zu versinken.

Vertraue deinen Gefühlen

Kürzlich sah ich im Fernsehen einen Science-Fiction-Film, in dem es darum ging, Gefühle auszulöschen. Weil die Regierung sie als höchst gefährlich einstufte, musste jeder Einwohner des Landes täglich ein

Medikament schlucken, das seine Gefühle unterdrückte. Wer sich trotzdem zu fühlen erlaubte, wurde als Verbrecher bestraft.

Nur ein Film, pure Fantasie – aber er enthält ein Körnchen Wahrheit. Mal abgesehen von Freude, Glück oder Liebe sind uns Gefühle oft unheimlich und wir würden sie gerne vermeiden. Das liegt nicht nur daran, dass sie schwer zu erfassen sind, sondern auch daran, dass sie so wenig geschätzt werden.

Spätestens seit der Epoche der Aufklärung gilt in unserer westlichen Welt, dass die Rationalität der Gefühlswelt weit überlegen ist. Doch allmählich ändert sich diese Ansicht, zumindest in der Wissenschaft. Die Hirnforschung hat nämlich inzwischen die Möglichkeit, mit bildgebenden Verfahren sichtbar zu machen, was geschieht, wenn wir fühlen. Dass wir auf bestem Wege sind, Gefühle höher zu bewerten, belegt der schöne Ausdruck »emotionale Intelligenz«. Erfunden hat ihn in den 1990er Jahren John D. Mayer von der University of New Hampshire und scin Kollege Peter Salowey von der Yale University. Die Wissenschaftler beschreiben damit die Fähigkeit, eigene und fremde Gefühle wahrzunehmen, zu verstehen und zu beeinflussen. Ihre ungewöhnliche Kombination von Emotionen und Intelligenz ist genial, auch weil dadurch die bisher so stiefmütterlich behandelten Gefühle aufgewertet wurden. Der Wissenschaftsjournalist Daniel Goleman sorgte dann mit einem internationalen Bestseller dafür, dass die Bedeutung emotionaler Intelligenz den Weg bis in die scheinbar so rationale Wirtschaft fand und selbst taffe Manager einen Schritt in die Gefühlswelt wagten.

Emotionen oder Gefühle?

Dabei ist der Begriff »emotionale Intelligenz« genau genommen nicht ganz korrekt. Wie so oft werden auch hier Gefühle mit Emotionen gleichgesetzt. Man könnte deshalb meinen, dass es sich bei

Emotion lediglich um ein Fremdwort handelt (von lat. »emovere«, herausbewegen«), das eleganter klingt, aber dasselbe bedeutet. Tatsächlich gibt es einen feinen Unterschied: Unter Emotionen verstehen wir das volle Programm, das als Reaktion auf bestimmte Reize in unserem Körper abläuft – ein schneller Herzschlag, erhöhter Blutdruck, Schweißausbruch oder Hormonausschüttung. Gefühle dagegen bezeichnen unsere Wahrnehmung und Interpretation dieser körperlichen Vorgänge, etwa wenn wir von Freude oder Angst sprechen. Eigentlich müsste es also »Gefühls-Intelligenz« heißen, aber das klingt wirklich nicht so schön.

Biologisch gesehen sind Emotionen in spezifischen Hirnstrukturen wie dem limbischen System verankert und hängen mit physiologischen Prozessen zusammen. Die an den Emotionen beteiligten neuronalen Schaltkreise erlauben eine blitzschnelle Informationsverarbeitung von äußeren Reizen. Sie versetzen den Organismus in die Lage, sofort wirksam auf seine Umwelt zu reagieren. Dabei gibt es zwei Richtungen: hin oder weg. In Millisekunden entscheiden wir, ob es sich um ein positives Angebot oder eine Gefahr handelt – und verhalten uns entsprechend.

Diese Prozesse laufen meist unbewusst ab, wobei die körperliche Komponente eine große Rolle spielt. Erst wenn neokortikale Strukturen wie die Großhirnrinde mitwirken, kommt Bewusstheit zustande. Dann können wir die emotionalen Vorgänge benennen, etwa als Freude oder Angst. Gefühle haben also durchaus mit unserem Verstand zu tun.

Man kann nur bewundern, was für ein großartiges System die Natur in uns angelegt hat. Es hat unserer menschlichen Spezies seit Millionen Jahren das Überleben gesichert. Außerdem sind unsere Gefühle das Navigationssystem, das unserem Leben die Richtung vorgibt: Angst bringt uns dazu, Gefahren zu vermeiden. Freude sorgt dafür, dass wir offen auf etwas zugehen. Trauer gibt uns die Zeit, einen Verlust zu verarbeiten. Liebe fördert den Wunsch, uns mit einem Menschen zu verbinden. Wut hilft, die eigenen Interessen zu vertreten.

Von daher lohnt es sich, dass wir unseren Gefühlen endlich die verdiente Aufmerksamkeit schenken.

Alle Gefühle akzeptieren

Selbst wenn wir generell davon überzeugt sind, dass Gefühle eine wichtige Rolle spielen, bedeutet das noch lange nicht, dass wir sie auch akzeptieren. Das gilt besonders für diejenigen, die allgemein als negativ beurteilt werden. Dazu zählen Hass, Wut, Ärger, Neid, Rachsucht, Gier, Eifersucht, Aggression, Furcht, Einsamkeit und Ohnmacht. Dabei handelt es sich um Gefühle, die in unserem Kulturkreis sanktioniert sind. So lernen wir von Kindheit an, diese »schlechten« Empfindungen zu unterdrücken. Auch als Erwachsene geben wir uns alle Mühe, dagegen anzukämpfen oder zumindest nicht zu zeigen, wie es in uns aussieht. Schließlich wollen wir von anderen Menschen anerkannt und geschätzt werden. Also ballen wir wütend die Fäuste in der Hosentasche, anstatt sie unserem Gegenüber ins Gesicht zu schlagen. Oder wir tun beschäftigt, damit keiner merkt, wie einsam wir sind. Oder wir geben uns im Job souverän, obwohl wir fürchten zu versagen.

Keine Frage, es ist richtig, dass wir Gefühle wie Hass, Wut oder Eifersucht kontrollieren wollen. Die Folgen wären für unsere Gesellschaft verheerend, wenn wir sie immer ausleben würden. Ebenso angebracht ist es, innerhalb einer Rolle, etwa am Arbeitsplatz, nicht jedes Gefühl offen zu zeigen. Doch der gemäßigte Umgang mit solchen Gefühlen ist eine Sache, sie anzuerkennen eine andere. Weil nicht sein kann, was nicht sein darf, verleugnen wir sie oft sogar vor uns selbst.

Dazu erhielt ich vor einiger Zeit einen Beweis, über den ich schmunzeln musste. In einem Vortrag fragte ich das Publikum: »Wer von Ihnen ist neidisch?« Nur wenige Hände gingen hoch. Dann erkundigte ich mich: »Wer kennt denn jemanden, der neidisch ist?« Daraufhin meldete sich fast der ganze Saal.

Nicht nur gesellschaftliche Gründe führen dazu, dass wir Gefühle komplett verdrängen, oft ist es auch ein Selbstschutz. Das gilt besonders für schmerzhafte Gefühle. Wir fürchten, die Kontrolle zu verlieren, wenn wir sie in ihrer ganzen Wucht zulassen. So sagte mir eine 50-jährige Frau, als ich mich erkundigte, wie es ihr denn nach ihrer Scheidung ginge: »Ach, ich beiße die Zähne zusammen. Wenn ich nämlich erst einmal anfange zu heulen, höre ich gar nicht mehr auf.«

Die Angst, von Schmerz und Trauer überwältigt zu werden, gilt auch für längst vergangene traumatische Erfahrungen. Sie sind nicht wirklich vergessen, sondern nur verdrängt. Während meiner psychotherapeutischen Tätigkeit habe ich häufig erlebt, dass starke Gefühle weggelächelt oder mit Sätzen wie »Aber das ist ja Schnee von gestern« abgewiegelt wurden. Auch schmerzliche Gefühle, die wir längst verarbeitet glauben, sind nicht ausgelöscht. Sie können noch nach vielen Jahren aufbrechen, sobald die mentale Kontrolle nicht mehr funktioniert. Oft wird das durch ein äußeres Ereignis ausgelöst und ist für uns ganz und gar überraschend.

So ging es mir selbst vor einiger Zeit auf einer Zugfahrt. Ich saß allein im Abteil, als eine Mutter mit einem etwa sechsjährigen Mädchen mit Down-Syndrom zustieg. Meine im gleichen Alter verstorbene jüngere Schwester hatte ebenfalls das Down-Syndrom und war außerdem körperlich schwer behindert. Als sie starb, war ich sehr unglücklich. Das ist inzwischen über 50 Jahre her und ich denke nur noch selten daran. Aber bei dieser unerwarteten Begegnung brach der alte Schmerz so heftig in mir auf, als wäre er all die Jahre nur abgekapselt gewesen. Ich musste meine Tränen mühsam zurückhalten.

Der Umgang mit negativen Gefühlen ist zweifellos anstrengend. Bei Trauer, quälender Eifersucht, Liebeskummer oder Ängsten hätten wir alle gerne ein Wundermittel zur Hand, um sie unschädlich zu machen. Aber diese Gefühle haben einen Sinn und es gilt, ihre Botschaft zu entschlüsseln. Sie teilen uns mit, was wir verändern müssen, um glücklich zu werden – vielleicht unsere Einstellung, unsere Gedanken oder unser Verhalten. Oder sie machen uns klar, dass wir eine schmerzliche Erfahrung bewusst in unseren Lebenslauf integrieren müssen, damit sie uns nicht im Untergrund weiterhin beeinflusst. Negative Gefühle geben uns dazu die Energie.

Weil wir die meiste Zeit damit beschäftigt sind, unsere Gefühle zu kontrollieren, sind sie uns oft fremd. Manchmal wissen wir gar nicht so genau, was wir eigentlich fühlen. In dem Fall gibt es eine gute Möglichkeit, dem Gefühl auf die Spur zu kommen, nämlich über unsere Körperwahrnehmung.

Wenn wir unserem Körper liebevolle Aufmerksamkeit schenken, verrät er uns, was wir fühlen – und bietet gleichzeitig Hilfe an. Der US-amerikanische Psychologe Eugene Gendlin hat dazu eine Methode entwickelt, die er Focusing nannte. Beim Focusing schließt man die Augen und horcht in sich hinein: Was spüre ich? Druck auf dem Magen? Schnellen Herzschlag? Verspannungen im Rücken? Einen Kloß im Hals? Dann bleibt man eine Weile wohlwollend und akzeptierend bei dieser Körperwahrnehmung, ohne sie zu bewerten. Dazu lässt man ein Wort, einen Satz oder ein Bild auftauchen. Auf diese Weise erfährt man, welches Gefühl mit der Körperempfindung verbunden ist. Hat man einen guten Kontakt zu der Empfindung hergestellt, fragt man sich: Was brauche ich jetzt am meisten?

Die Erkenntnis dessen, was wir fühlen, ist der erste Schritt zur Veränderung oder Heilung. In diesem Sinne sollten wir auch den negativen Gefühlen vertrauen und sie als Freunde betrachten.

Das ABC der Gefühle

Meist glauben wir, unsere Gefühle wären fein säuberlich von unserem Verstand getrennt – hier das rationale Denken, dort das unberechenbare Gefühl. Tatsächlich ist das ein Irrtum. In welchem Maße wir emotional auf ein Ereignis reagieren, hängt auch von unseren Gedanken und Überzeugungen ab. So kann uns unser Denken dazu bringen, einem relativ unwichtigen Ereignis eine hohe Bedeutung zuzuordnen und mit einem heftigen Gefühl zu reagieren. Das hat der Philosoph und Kommunikationswissenschaftler Paul Watzlawick in seiner Geschichte vom Hammer wunderbar beschrieben: Ein Mann will ein Bild in seiner Wohnung aufhängen, aber ihm fehlt dazu ein Hammer. Er beschließt, sich das Werkzeug von seinem Nachbarn zu leihen. Doch dann fallen ihm alle möglichen Gründe ein, warum der ihm den Hammer wohl nicht leihen wird. Am Ende klingelt er beim Nachbarn und schreit ihn direkt an: »Behalten Sie Ihren Hammer, Sie Rüpel!«

Mit den Auswirkungen des Denkens auf unsere Gefühle und unser Verhalten beschäftigt sich besonders die Kognitive Verhaltenstherapie. Albert Ellis, ein prominenter Vertreter dieser Richtung, hat eine einfache Methode entwickelt, mit der wir über die Gedanken unsere Gefühle beeinflussen können, das »ABC der Gefühle«: A steht für die auslösende Situation, B ist deren Bewertung und C bezeichnet die sich daraus ergebenden Gefühle.

Ellis geht davon aus, dass wir nur unsere Gedanken (B) über das unangenehme Ereignis (A) ändern müssen, damit sich auch unser Gefühl (C) verwandelt.

Angenommen, wir kippen bei einem wichtigen Essen ein Glas Rotwein über das weiße Tischtuch (A). Wir denken: »Wie furchtbar! Jetzt hält mich der Gastgeber für einen ungeschickten Trottel« (B). Wir sind deshalb deprimiert, der Abend ist uns verdorben (C). Hätten wir dagegen gedacht: »Das ist zwar unangenehm, kann aber jedem mal passieren« (B), hätten wir uns schnell wieder gefangen und uns bald wieder gut gefühlt (C).

Wir können die ABC-Methode bei jedem unangenehmen Ereignis selbst anwenden, indem wir uns fragen: Was denke ich über die Situation? Welche Überzeugung habe ich zu diesem Ereignis? Handelt es sich um Gedanken, die ein negatives Gefühl hervorrufen oder verstärken, können wir sie bewusst verändern.

Die Mühe lohnt sich: Während etwa der Gedanke »Wie schrecklich, dass mein Partner mich verlassen hat, ich werde nie wieder jemanden so lieben wie ihn« Verzweiflung hervorruft, gibt der Gedanke »Es ist traurig, dass er mich verlassen hat, aber ich werde eine neue Liebe finden« ein hoffnungsvolles Gefühl. Statt durch den Gedanken »Es ist eine Katastrophe, dass ich durch die Prüfung gefallen bin« in Panik zu geraten, beruhigt man sich mit dem Gedanken: »Es ist kein Drama. Ich werde sie eben wiederholen.«

Das ABC der Gefühle zeigt, dass wir in unserem klugen Kopf einen guten Verbündeten haben. Wenn wir ihn benutzen, sind wir unseren negativen Gefühlen nicht mehr auf Gedeih und Verderb ausgeliefert, sondern können sie steuern.

Achtung, Gefühlsansteckung!

Nicht alles, was wir empfinden, hat seinen Ursprung in unseren eigenen Erlebnissen. Oft übernehmen wir Gefühle von anderen Menschen, lassen uns also quasi anstecken.

Wohl jeder von uns hat schon mal erlebt, dass wir jemanden trafen, der deprimiert war – und plötzlich fühlten wir uns selbst auch niedergedrückt. Oder wir begegneten einer positiv gestimmten Person, und schon hatten wir ebenfalls gute Laune. Die Ursache für diesen Gefühlstransfer ist genetisch in uns verankert: Unwillkürlich imitieren wir Mimik, Bewegung, Körperhaltung und Stimmlage unseres

Gegenübers. Weil dann in uns die gleichen emotionalen Vorgänge ablaufen, wissen wir, wie sich unser Vis-à-vis fühlt. Diese weise Einrichtung der Natur hilft uns dabei, uns in andere Menschen hineinzuversetzen und sozial angemessen auf sie zu reagieren. Es wäre schließlich völlig unangebracht, einem sehr traurigen Menschen mit überschäumender Fröhlichkeit zu begegnen. In der Neurowissenschaft konnte man mit Hilfe der Magnetresonanztomografie in Experimenten inzwischen sogar nachweisen, dass Gefühle übertragen werden. Dass wir durch Gefühlsübertragung am eigenen Leibe erfahren, wie sich unser Gesprächspartner fühlt, ist jedoch keine Einbahnstraße, sondern beruht auf Gegenseitigkeit.

Sobald sich zwei Menschen begegnen, findet ein geheimer Austausch statt. Während wir auf der bewussten Ebene miteinander kommunizieren, läuft parallel dazu die unterbewusste Wahrnehmung ab. Daniel Goleman spricht in seinem Buch »Emotionale Intelligenz« vom oberen Pfad (bewusst) und dem unteren Pfad (unbewusst). Auf dem unteren Pfad tauschen wir vor allem unsere Gefühle und Befindlichkeiten aus. Sind wir sensibel und offen für Eindrücke, kann es uns so passieren, dass wir – ohne es zu merken – die negativen Empfindungen unseres Gesprächspartners übernehmen. Deshalb fühlen wir uns nach der Begegnung mit manchen Menschen erschöpft, gereizt oder müde, ohne dass wir uns über unangenehme Themen unterhalten hätten. Man bezeichnet diese Personen deshalb auch gerne als »Energie-Vampire«. Den Ergebnissen der Forschung entsprechend sollte man sie wohl eher »negative Gefühlsüberträger« nennen.

Bestimmte Anzeichen verraten, ob wir bei einer Begegnung die Emotionen unseres Gegenübers übernommen haben: Unsere Gedanken und Gefühle entsprechen nicht dem, was wir normalerweise denken und fühlen. Außerdem stehen unsere Gefühle nach dem Gespräch in starkem Kontrast zu denen, die wir vor dem Kontakt hatten. Wir waren guter Laune und optimistisch – plötzlich sehen wir alles schwarz.

Meist reicht schon die Erkenntnis, dass es sich nicht um unser eigenes Gefühl handelt, damit es sich auflöst. Sollte das aber nicht der Fall sein, helfen Rituale, sich davon zu befreien. Etwa, indem man unter die Dusche geht und sich vorstellt, dass man mit dem Wasser die negative Gefühlsübertragung abwäscht.

Intuition – die Supermacht der Gefühle

Eine Sonderstellung in der Bedeutung von Gefühlen nimmt die Intuition ein. Man bezeichnet sie auch als innere Stimme, Eingebung, Ahnung oder Sechsten Sinn. Was so magisch klingt, als spräche das Orakel von Delphi, lässt sich jedoch ganz sachlich beschreiben: Es handelt sich um Wissen, das auf Erfahrungen beruht und in unserem Unterbewusstsein gespeichert ist. Im passenden Augenblick zeigt es sich spontan als ein Gefühl, das uns entweder zu- oder abrät.

Jeder Mensch besitzt Intuition. Allerdings sind wir nicht immer bereit, die von innen aufsteigenden Impulse wahrzunehmen und ihnen zu folgen. In manchen Fällen ist das kein Wunder. Man muss schon sehr von der eigenen Intuition überzeugt sein, wenn man eine Traumwohnung ablehnt, nur weil man bei der Besichtigung ein ungutes Gefühl hat. Oder wenn man kurz vor dem Einchecken darauf verzichtet, den Flieger zu nehmen, weil einem die Intuition sagt, dass es sich um eine Unglücksmaschine handelt.

Doch bei weniger spektakulären Entscheidungen dürfen wir durchaus akzeptieren, dass uns unsere Intuition wichtige Informationen darüber liefert, inwieweit uns eine Situation, ein Mensch oder eine Tätigkeit nutzt oder schadet. Wir können sie bewusst als Entscheidungshilfe einsetzen. Wenn unsere Nachbarin zwar äußerst freundlich ist, wir aber Bedenken haben, ihr während unseres Urlaubs den Wohnungsschlüssel anzuvertrauen, sollten wir auf unser Gefühl hören. Es hat meist einen guten Grund, der sich oft erst später herausstellt.

Wenn unsere Intuition nur schwach entwickelt ist, lässt sie sich mit Hilfsmitteln aktivieren. Zum Beispiel, indem man bei einer Entscheidung eine Münze wirft und anschließend genau darauf achtet, wie man auf das Ergebnis reagiert. Zeigt sich Freude oder Enttäuschung? Beliebt sind auch Orakel: Nachdem man seine Frage präzise formuliert hat, etwa »Soll ich diese Aufgabe übernehmen?«, schlägt man ein Buch oder eine Zeitung auf und tippt mit geschlossenen Augen auf eine beliebige Stelle. Dann überlegt man, was einem der Satz als Antwort sagen möchte. Bestärkt er oder warnt er?

Ein uraltes Mittel, unsere Intuition zu wecken, sind unsere Träume. Das erfordert allerdings ein wenig Vorbereitung: Man lässt den Abend ruhig ausklingen und verzichtet auf einen aufregenden Fernsehfilm oder einen Krimi als Bettlektüre. Kurz vor dem Einschlafen denkt man intensiv an das Problem, das man gerne lösen möchte, und sagt laut: »Ich werde mich an meinen Traum erinnern.« Während des Schlafes wird sämtliches Für und Wider auf einer tieferen Ebene bearbeitet. Es kann also sein, dass man am Morgen mit einer inneren Gewissheit oder einer guten Idee aufwacht. Wenn wir unserer Intuition vertrauen, kann sie uns helfen, die richtige Entscheidung zu treffen.

Das Dreamteam: Gefühl und Verstand

So großartig es auch ist, dass wir Gefühle haben – ließen wir uns allein von ihnen beherrschen, wären wir oft zu impulsiv und würden dabei in Teufels Küche geraten. Setzen wir dagegen nur auf rationale Überlegungen, führen wir ein reduziertes, kaltes Leben. Doch wenn Gefühl und Verstand zusammenarbeiten, dann sind sie ein Dreamteam.

Erst mit beiden gemeinsam erhalten wir ein optimales Ergebnis: Wir gehen Gefahren aus dem Weg, treffen die richtigen Entscheidungen und handeln so, dass sich unser Leben zum Positiven verändert.

Sicher werden wir nicht immer diese Harmonie von Gefühl und Verstand erreichen. Manchmal sind die Gefühle so intensiv, dass wir uns machtlos fühlen, manchmal sind die Vernunftgründe so stark, dass sie unsere Gefühle ins Abseits drängen. Aber wir können uns immer wieder darum bemühen, beide miteinander zu vereinen. Wir sollten uns bewusst sein, dass Gefühle wichtig für das Denken sind und Gedanken eine Bedeutung für die Gefühle haben. Daniel Goleman drückt das Ergebnis schön aus: »Die Verflechtung ihrer ganz unterschiedlichen Erkenntnisweisen geleitet uns durch die Welt.«

Kultiviere deine Dankbarkeit

Die Bestsellerautorin Rhonda Byrne schreibt, dass sie, sobald sie morgens aus dem Bett steigt, schon begeistert »Danke! Danke! Danke!« sagt. Als ich das las, dachte ich spontan: »Na ja, würde ich auch tun, wenn sich eines meiner Bücher 7,5 Millionen Mal verkauft hätte.« Zum Glück wurde mir schnell klar, dass ich damit voll in die Falle getappt war. Wir glauben nämlich, dass es spektakulärer Anlässe bedarf, damit wir Grund zur Dankbarkeit haben. Etwa in der Größenordnung Lottogewinn, Lebensrettung, Traumjob, große Liebe oder Megaerfolg.

Wenn wir uns von besonderen Zuwendungen abhängig machen, dann haben wir normale Menschen nur selten die Möglichkeit, dankbar zu sein. Das aber wäre wirklich schade, denn dazu gibt es auch ohne extreme Ereignisse mit Sicherheit jeden Tag zig Gründe.

Wenn es tatsächlich auch im Alltag viele Anlässe gibt, dankbar zu sein, warum sind wir es denn dann nicht ständig? Ganz einfach: Wir richten unsere Aufmerksamkeit meist auf die Dinge, die uns fehlen oder die nicht gut laufen: Auf dem Weg zur Arbeit stehen wir unerwartet im Stau. Der Bus fährt uns vor der Nase weg. Es regnet mal wieder. Eine Freundin sagt das Treffen ab, auf das wir uns gefreut haben. Im Meeting fällt uns ein Kollege in den Rücken. Den Auftrag, in den wir schon so viel Arbeit investiert haben, kriegen wir nun doch nicht. Alles kein Grund zum Jubeln.

Sich auf Mängel zu fokussieren, ist nicht nur die Sache ausgewiesener Miesepeter, sondern eine spezifisch menschliche Eigenheit. Seit Jahrtausenden hat unsere Spezies das Muster »Schlechtes wirkt stärker als Gutes« verinnerlicht. Im Prinzip hat die Natur das durchaus sinnvoll eingerichtet. Auf Negatives zu achten, hat nämlich eine Schutzfunktion. Es sorgt dafür, dass wir eine Situation vorsichtig angehen, uns gegebenenfalls zurückziehen oder Strategien zur Bewältigung finden. Der große Nachteil ist nur, dass uns dabei das Positive aus dem Blick gerät.

Mit diesem genetischen Erbe behaftet fällt uns das Gefühl von Dankbarkeit nicht in den Schoß. Wir müssen uns darum bemühen, eine dankbare Einstellung zu entwickeln, sonst werden wir immer wieder automatisch in eine negative Wahrnehmung rutschen. Robert Emmons, Psychologe an der University of California und einer der führenden Forscher zum Thema Dankbarkeit, sagt: »Ohne bewusste Intervention sind wir Geiseln eines Informationsverarbeitungssystems, das wild entschlossen zu sein scheint, unsere emotionale Not zu vermehren und unsere positiven Erfahrungen auf ein Mindestmaß zu reduzieren.«

Was Dankbarkeit bringt

Offenbar ist es mühsam, dankbare Gefühle zu entwickeln. Da ist die Frage berechtigt, was es denn bringt, Dankbarkeit zu kultivieren. Emmons hat dazu ein interessantes Experiment gemacht.

Zunächst mussten die Versuchspersonen einige Tage lang schriftlich ein Protokoll über ihre Stimmung und ihren körperliche Zustand führen. Auf diese Weise wurde ihre grundlegende Verfassung erfasst, um zukünftige Veränderungen messen zu können. Dann wurden sie in drei Gruppen eingeteilt. Sie sollten wöchentlich Tagebuch führen, allerdings mit unterschiedlichen Anweisungen: Die erste Gruppe musste jeweils in kurzen Sätzen fünf positive Dinge beschreiben, die sich in der Woche zugetragen hatten und für die sie dankbar war. Die zweite Gruppe sollte fünf Probleme oder Ärgernisse nennen, die sie zu bewältigen hatte. Die dritte Gruppe diente nur zur Kontrolle und durfte fünf beliebige Erlebnisse notieren.

Auf der Liste der »Dankbarkeitsgruppe« fanden sich Notizen wie »Ein Sonnenuntergang, der hinter Wolken hervorlugt«, »Die Großzügigkeit von Freunden« oder »Dass meine Familie um die Ecke wohnt«. Die »Problemgruppe« zählte Ärgernisse auf: »Man findet so schwer einen Parkplatz«, »Steuern«, »Schmutzige Küche, die keiner saubermacht«.

Das Experiment dauerte zehn Wochen lang. Und die Auswertung zeigte einen deutlichen Gewinner: Die Dankbaren fühlten sich um 25 Prozent glücklicher als die übrigen Teilnehmer. Sie empfanden eine höhere Zufriedenheit mit ihrem Leben. Außerdem wiesen sie wesentlich weniger gesundheitliche Probleme auf als die Mitglieder der beiden anderen Gruppen, sie waren entspannter und schliefen besser. Von Partnern und Außenstehenden wurden sie als hilfsbereiter und sozialer eingeschätzt als die übrigen Teilnehmer. Weitere Studien bestätigten dieses erstaunlich klare Ergebnis.

Daraus lässt sich das Fazit ziehen: Es lohnt sich, den Blick auf die Ereignisse im Alltag zu lenken, für die wir dankbar sein können. Es schenkt uns mehr Lebensfreude und Gesundheit, wirkt sich auf unsere aktuelle Stimmung aus und erhöht unsere Anziehungskraft für andere.

Das klingt verlockend, doch wie empfindet man aus dem Stand heraus mehr Dankbarkeit? Besonders bewährt hat es sich, regelmäßig ein Dankbarkeitstagebuch zu führen. Das kann ich aus eigener Erfahrung bestätigen.

Neben meinem Bett liegt ein kleiner orangefarbener Kalender. Jeden Abend trage ich in Stichworten ein, was am Tag gut gelaufen ist. Von »Anregendes Interview« bis »Schnäppchen auf dem Flohmarkt« notiere ich alles, was mir in den vergangenen Tagesstunden ein freudiges Gefühl verursacht hat. Manchmal steht unter einem Datum viel Text, manchmal nur ein einziger Satz, immerhin.

Ich kann diese Methode, die eigene Dankbarkeit in Schwung zu bringen, sehr empfehlen. Hätte man mich früher gefragt: »Wie war denn dein Tag?«, hätte ich vermutlich gesagt: »Er war okay« oder »Geht so«. Seit ich ein Dankbarkeitstagebuch führe, beurteile ich meinen Alltag wesentlich positiver. Das ist kein Wunder, denn erst wenn man einmal darüber nachdenkt, was einem täglich Gutes widerfährt, nimmt man es überhaupt wahr. Andernfalls verursacht es zwar aktuell ein Wohlgefühl, ist aber schnell vergessen.

Durch ein Dankbarkeitstagebuch holen wir es wieder ins Bewusstsein und verändern so im Laufe der Zeit unsere Wahrnehmung. Wir erkennen, wie viele glückliche und interessante Augenblicke wir erleben, wie viel Unterstützung wir von anderen bekommen, wie viele angenehme kleine Überraschungen ein Tag für uns bereithält. Sicher nichts Weltbewegendes, aber letztlich kommt es auf die Gefühle an, die wir dabei haben. In der Summe setzen sie sich wie in einem Mosaik zu einem glücklichen Leben zusammen.

Dankbarkeit in Krisenzeiten

Mit etwas Disziplin und festem Willen funktioniert Dankbarkeit sicher problemlos – solange es uns gut geht. Schwierig wird es, wenn uns das Leben übel mitspielt. Die möglichen seelischen und körperlichen Beeinträchtigungen sind vielfältig: Krankheit, ein Unfall, chronische Schmerzen, finanzielle Sorgen, Probleme in der Partnerschaft oder der Familie, eine Trennung, der Tod eines nahestehenden

Menschen, Liebeskummer, ein behindertes Kind, ein Pflegefall, Einsamkeit, heftige berufliche Veränderungen – die Unglücksliste lässt sich beliebig verlängern. Da stellt sich garantiert keine Dankbarkeit ein. Vielmehr sind wir verzweifelt, traurig oder niedergedrückt. Gewiss kommt auch Zorn auf: Warum muss das gerade jetzt passieren? Warum ausgerechnet mir? Wir hadern mit Gott und der Welt.

In solchen Zeiten dankbar zu sein, ist in jedem Fall eine besondere Herausforderung. Und doch kann es gerade die Dankbarkeit sein, die uns die Situation erträglich macht und unsere Stimmung verändert. Bijan Amini, Begründer der Krisenpädagogik, erklärt: »Jede Krise hat eine Kehrseite, nämlich Entwicklung und mentale Reifung.« Wir reifen allerdings nicht automatisch, sondern erst, wenn wir uns darum bemühen. Statt zu jammern oder zu rebellieren, besteht ein Weg darin, uns zu fragen, was wir aus dieser Erfahrung lernen können: Haben wir einen Fehler gemacht, den wir in Zukunft vermeiden können? Hat ein Verhalten zu dieser Situation geführt, das wir ändern sollten? Gibt es Eigenschaften, die wir bisher nicht entwickelt haben und die diese Krise von uns verlangt? Zum Beispiel Geduld, Gelassenheit, Tapferkeit?

Wir können uns auch fragen, ob das schlimme Ereignis nicht doch auch etwas Gutes enthält. Das klingt vielleicht zunächst zynisch, ist aber eine wirksame Methode, aus der Verzweiflung herauszukommen und am Ende sogar Dankbarkeit zu empfinden. Wenn es Menschen, die ein großes Unglück erlebt haben, gelungen ist, darin etwas Positives zu entdecken, dann haben auch wir eine Chance, das zu schaffen.

Beindruckt hat mich ein Interview mit dem Palliativmediziner Bruce Miller, der einen schweren Unfall überstehen musste. Als Student war er mit zwei Freunden aus Jux auf das Dach eines Zuges gestiegen. Er geriet dabei an die Oberleitung, die 11000 Volt durch seinen Körper jagte. Seitdem fehlt ihm sein linker Oberarm, und er trägt zwei Beinprothesen aus Karbon. Heute arbeitet Miller in einem Hospiz in San Francisco und setzt sich dafür ein, Sterbenden die Angst vor dem Tod zu nehmen und ihnen ein friedliches Ende zu ermöglichen. Er sagt: »Durch den Unfall lernte ich, dass mein persönliches Glück nicht von zwei funktionierenden Beinen abhängt. Und dass selbst im Unglück Chancen liegen.« So sieht Bruce Miller sogar in seiner Behinderung einen Vorteil im Umgang mit seinen Patienten: »Sie erleichtert mir häufig den Zugang zu ihnen. Patienten öffnen sich mir schnell, weil sie mich sehen und denken: Der weiß, wie sich Schmerzen anfühlen. Für meinen Job ist dieser Körper ein Geschenk.«

Wir können uns auch fragen: Was ist mir trotz meiner Einschränkung geblieben? Der SAP-Manager Bill McDermott verlor bei einem unglücklichen Sturz ein Auge. Obwohl ihm sein gutes Aussehen immer sehr wichtig gewesen ist, klagt er nicht über seine Narben im Gesicht und dass er nun ständig eine Sonnenbrille tragen muss. Stattdessen sagt er: »Ich hätte ja auch zwei Augen verlieren können.« Hilfreich ist es ebenfalls, sich mit denjenigen zu vergleichen, denen es schlechter geht. Die amerikanische Schriftstellerin Helen Keller, die durch eine Fieberkrankheit in ihrer Kindheit taub und blind wurde, fasst das anschaulich in Worte: »Ich weinte, weil ich keine Schuhe hatte, bis ich jemanden traf, der keine Füße hatte.«

Durch einen anderen Blick auf das schmerzliche Ereignis verändert sich unsere Perspektive. Wir erkennen, dass unser persönliches Drama nicht nur schrecklich ist. Es gibt uns auch eine Gelegenheit zur persönlichen Entwicklung, die wir in guten Zeiten niemals bekommen hätten. Dankbarkeit zeigt, dass wir verstanden haben.

Das Gute erkennen

Interessant ist die Tatsache, dass niemand sich selbst dankbar sein kann. Ich habe jedenfalls noch keinen sagen hören: »Ich bin mir dankbar, dass ich nicht aufgegeben habe« oder »Ich danke mir, dass ich meine Aufgabe so gut erfülle«. Wir sind höchstens stolz auf uns oder freuen uns, dass wir etwas erreicht haben. Dankbarkeit braucht immer ein Gegenüber, das liegt in der Natur der Sache. Der ideale Ablauf ist dabei im Prinzip immer gleich: Wir empfangen etwas Gutes, sei es materiell oder immateriell. Das löst ein positives Gefühl in uns aus. Wir erkennen den anderen als Ursache dieses angenehmen Gefühls an und zeigen ihm in irgendeiner Form unsere Dankbarkeit. Das wiederum löst bei ihm ein gutes Gefühl aus.

Daran zeigt sich: Dankbarkeit stärkt unsere sozialen Bindungen. Sie ist das Wundermittel, mit dem wir herzliche und vertrauensvolle Beziehungen zu anderen Menschen herstellen können. Dankbarkeit baut Freundschaften auf, hält die Familie zusammen, macht die Partnerschaft glücklich und schafft Loyalität im Job.

Eines ist dabei allerdings wichtig: Hinter unserer Reaktion darf ebenso wenig Berechnung stehen wie hinter der Zuwendung des anderen. Dann wäre es nämlich nur ein Geschäft. Die alten Römer hatten dafür den Spruch »Do ut des« – ich gebe, damit du gibst. Wir kennen das als »Eine Hand wäscht die andere«. Sicher ist dabei ebenfalls eine Art von Dankbarkeit im Spiel, doch sie erzeugt kein Glücksgefühl. Ehrliche Dankbarkeit ohne Hintergedanken kommt immer von Herzen.

Zur Dankbarkeit gegenüber anderen gehört, dass wir ihnen die erwiesene Wohltat widerspiegeln. In welcher Form das geschieht, ist dabei nicht entscheidend. Am direktesten ist sicher, es dem anderen einfach zu sagen. Dabei empfiehlt es sich, möglichst präzise zu sein. Statt eines allgemeinen »Danke, dass du mir zugehört hast«, kann man sagen: »Es hat mir sehr gut getan, dass ich mich bei dir aussprechen konnte. Ich bin dir dankbar, dass du Zeit und einen guten Rat für mich hattest.« Aber auch Dank in Form eines Blumenstraußes, eines kleinen Geschenkes, einer Esseneinladung oder indem man dem anderen später einen Gefallen tut, wird gerne angenommen. Damit schließt sich der Kreis: Wir fühlen uns beschenkt, der andere fühlt sich gewürdigt. Das ist eine gute Basis für weiteres großzügiges und freundliches Verhalten.

Man sollte meinen, bei dem nachweislich positiven Effekt, den Dankbarkeit für unsere Beziehungen hat, würden wir sie so oft wie möglich praktizieren. Doch das ist keineswegs der Fall. Der Dankbarkeitsforscher Robert Emmons sieht ein Hindernis für Dankbarkeit in der »Illusion der Selbstgenügsamkeit«. Wir erkennen nicht, was wir anderen zu verdanken haben, und schreiben eine Verbesserung unserer Situation einzig und allein uns selbst zu, frei nach dem Motto: Das habe ich bekommen (erreicht), weil ich so gut (tüchtig, intelligent, liebenswert) bin.

Manchmal leiden wir unter einer gewissen Blindheit für das, was andere für uns tun oder getan haben. Wir nehmen es als selbstverständlich, vielleicht weil wir glauben, es stehe uns einfach zu oder es sei schließlich deren Job, uns das zu geben. Das kann besonders dann passieren, wenn wir dafür bezahlt haben, etwa bei einer Dienstleistung. Dann halten wir unseren Dank damit für abgegolten.

In vielen Fällen mag das zutreffen, aber oft hindert uns diese Einstellung, wahrzunehmen, was wir freiwillig zusätzlich bekommen. Die Verkäuferin, die ausführlich berät, der Lehrer, der sich besonders engagiert um seine Schüler kümmert, der Automechaniker, der kostenlos einen kleinen Mangel mitrepariert, die Ärztin, die man auch noch nach Feierabend anrufen kann – das sind eben keine Selbstverständlichkeiten, denn es geht über das Normalmaß hinaus. Es wäre gut, dafür ein offenes Auge zu haben. Das lässt sich schulen, indem wir uns fragen: Warum fühle ich mich jetzt so wohl? Warum bin ich so erleichtert? Was macht mich gerade glücklich? Was hat dazu geführt, dass ich weitergekommen bin? Wenn die Antwort auf unser Gegenüber hinweist, sollten wir das auch ausdrücken.

Eine weitere Blockade sind hohe Erwartungen. Wir haben den Anspruch, dass alles perfekt ist und genau so abläuft, wie wir es uns vorstellen. Ist das nicht der Fall – warum dann dankbar sein? Unser vorherrschendes Gefühl ist dann Enttäuschung oder Ärger. Das lassen wir unser Gegenüber auch spüren. Um an dieser Stelle gleich einem möglichen Missverständnis vorzubeugen: Gemeint ist keineswegs, dass man für mangelnden Einsatz auch noch dankbar sein muss. In dem Fall darf man gerne seinen Unmut ausdrücken. Aber oft lohnt es sich zu überprüfen, ob in Wahrheit unsere Vorstellungen überzogen sind.

Während meiner Zeit als Psychotherapeutin hatte ich einen Klienten, den sein Hausarzt zu mir geschickt hatte. Er litt an Herzproblemen, für die sich keine organische Ursache finden ließ. Und tatsächlich hatte es der Mann »am Herzen«. Er war mit einer äußerst anspruchsvollen Frau verheiratet. Obwohl er sie buchstäblich auf Händen trug und ihr mit vielen Aufmerksamkeiten seine Liebe zeigte, war es nie genug. Sie war ständig unzufrieden, weil er nicht so viel Zeit mit ihr verbrachte, wie sie es sich wünschte. Als Manager in einer verantwortungsvollen Position war er entsprechend eingespannt und konnte sie nun mal nicht tagsüber zum Shoppen begleiten oder während einer wichtigen Konferenz ein ausführliches Telefonat über den abendlichen Speiseplan führen.

Wenn man zu hohen Erwartungen neigt, gilt es, Toleranz gegenüber Unvollkommenheiten zu entwickeln. Der gängige Spruch »Man kann nicht alles haben« bezeichnet in diesem Zusammenhang keinen lauwarmen Kompromiss, sondern eine entspannende Erkenntnis. Sie führt zu der Überlegung: Was ist für mich wirklich unverzichtbar? Solange das gegeben ist, sollten wir bereit sein, an allem Übrigen Abstriche zu machen. Ist es uns am wichtigsten, dass unser Partner treu ist, können wir seine Unordnung übersehen. Von einem perfektionistischen Anspruch befreit, wissen wir zu schätzen, was wir an dem anderen haben, und können gelassen davon absehen, dass der Rest nicht hundertprozentig passt. Auf diese Weise schaffen wir es, Frust in Dankbarkeit zu verwandeln.

Hat uns ein Mensch etwas Gutes getan, wissen wir genau, wem unser Dank gilt. Anders ist es, wenn wir niemanden konkret dafür verantwortlich machen können. Ein gesundes Kind zur Welt zu bringen, nur durch Zufall einem terroristischen Anschlag zu entgehen, eine spontane Heilung zu erfahren oder durch eine unerwartete Wendung aus finanzieller Not gerettet zu werden, kann uns mit tiefer Dankbarkeit erfüllen – aber wem gegenüber? Das hängt davon ab, woran wir glauben.

Religiöse Menschen haben ein göttliches Wesen (oder mehrere) als Adressaten, dem sie im Gebet ihren Dank abstatten. Doch auch wer keiner Religion angehört, bezieht sich bei besonderen Ereignissen gerne auf eine unsichtbare Macht. Sie trägt Namen wie Universum, Schicksal, Fügung oder einfach nur: das Leben. Dankbarkeit wird dann meist so ausgedrückt: »Das Schicksal meint es gut mit mir« oder »Das Leben ist gut zu mir«.

Um sich bewusst zu machen, wie vieles wir bekommen, lohnt es sich, eine Dankbarkeitsliste zu erstellen: Was ist mir in der Vergangenheit an unerwartetem Glück widerfahren? Eine Umfrage in meinem Umfeld ergab dazu vielfältige Aussagen: »Mein Sohn hat endlich eine Freundin gefunden«, »Wir sind im Sturm mit unserem Segelboot gekentert und haben es gerade noch an Land geschafft«, »Unser Kind war eine Frühgeburt, aber jetzt hat es sich prächtig entwickelt«, »Mein Krebs hatte noch nicht gestreut«, »Ich habe durch einen Zufall mein Talent zum Fotografieren entdeckt. Heute kann ich davon leben«.

Wir sollten uns immer mal wieder Zeit nehmen und überlegen, was wir im Alltag für Körper, Geist und Seele Gutes empfangen. Das halten wir nämlich meist so lange für selbstverständlich, bis etwas plötzlich nicht mehr funktioniert. Die Liste dieser vermeintlichen Selbstverständlichkeiten dürfte bei den meisten von uns ziemlich umfangreich werden: Wir können frische Luft atmen, spazieren gehen, sauberes Wasser trinken, Sonne auf unserer Haut spüren, haben Kleidung und genug zu essen. Wir können reisen, Erkenntnisse gewinnen, Neues lernen, uns verändern.

Dankbarkeit gegenüber einer unsichtbaren Macht hat eine besonders intensive Wirkung auf uns. Sie führt dazu, dass wir uns in einer unsicheren Welt geborgener fühlen. Wir spüren, dass wir geliebt und beschützt werden. Indem wir unserem Schöpfer oder generell dem Leben dankbar sind, erfüllt Frieden unser Herz. Von daher ist es sinnvoll, auch diese spezielle Ausrichtung der Dankbarkeit zu kultivieren. Das kann in Gebeten geschehen, aber auch einfach in Gedanken – oder indem wir etwas von der Güte, die wir empfangen haben, an andere weitergeben.

Dankbarkeit forever

Alle wissenschaftlichen Erkenntnisse und viele persönliche Erfahrungen belegen: Dankbarkeit ist ein Königsweg für alle diejenigen, die in der Gegenwart glücklich und zufrieden sein möchten. Wer allerdings bisher glaubte, es handele sich dabei um ein butterweiches Gefühl, das Gutmenschen ganz von selbst erfüllt, dürfte es nun besser wissen. Dankbarkeit zu kultivieren erfordert Aufmerksamkeit und Disziplin, ebenso wie Demut und die Erkenntnis, dass wir abhängig sind. Doch die Mühe lohnt sich. Auf die Dauer führt sie dazu, dass wir unser Leben mehr und mehr als ein Geschenk betrachten, unabhängig von äußeren Umständen. Alles, was es über Dankbarkeit zu sagen gibt, fasst ein Aphorismus der englischen Philosophen Sir Francis Bacon zusammen: »Nicht die Glücklichen sind dankbar. Es sind die Dankbaren, die glücklich sind.«

Die eigene Attraktivität erkennen

Auf einer Postkarte las ich: »Du wurdest als Original geboren. Stirb nicht als Kopie.« Die gleiche Botschaft findet sich vertieft auch in einer kleinen jüdischen Geschichte, die der Philosoph Martin Buber erzählt: Als Rabbi Sussja im Sterben lag, fragten ihn seine Schüler: »Hast du denn keine Angst, demnächst vor deinen Schöpfer zu treten?«

Der Rabbi antwortete: »Wenn ich an alle die großen und bedeutenden Menschen wie Moses oder Abraham denke, dann wird mir im Vergleich mit ihnen schon bange. Aber ich bin gewiss, dass Gott mich nicht fragen wird: ›Warum bist du nicht Mose gewesen?‹, sondern: ›Warum bist du nicht Sussja gewesen?‹«

Der weise Rabbi hatte erkannt, dass sein Schöpfer ihn nicht in die Welt gesetzt hatte, damit er zur Kopie eines anderen würde, selbst wenn derjenige so vorbildhaft wie Moses wäre. Vielmehr ging es darum, dass er während seiner Lebenszeit die bestmögliche Form seiner selbst entwickelte.

Unsere Startposition ist optimal: Wir kommen alle als Originale zur Welt. Dass wir einmalig sind, lässt sich schon an einer Hand ablesen: Jeder Mensch hat einen einzigartigen Fingerabdruck. Die Wahrscheinlichkeit, dass zwei Menschen das gleiche Muster der sogenannten Papillarlinien aufweisen, liegt bei 1:10 Milliarden. Ähnlich unwahrscheinlich ist es, dass zwei Menschen die gleiche genetische Anlage besitzen. Deshalb spricht man in dem Fall auch von einem

»genetischen Fingerabdruck«. Unsere Erbsubstanz, abgekürzt DNA, ist in bestimmten Teilen absolut individuell. Selbst eineiige Zwillinge lassen sich inzwischen anhand winziger Mutationen, die bereits im Mutterleib stattgefunden haben, unterscheiden. Also müsste die Welt doch voller interessanter Originale sein. Doch wenn man sich so umschaut, hat man eher nicht den Eindruck. Es scheint vielmehr, als ob wir uns Mühe geben, nicht aus dem Rahmen zu fallen und uns möglichst ähnlich wie alle anderen zu verhalten.

Wie kommt es nur, dass wir im Laufe der Zeit offenbar viel von unserer ursprünglichen Einzigartigkeit verlieren?

Die Originalitäts-Killer

Kaum geboren, beginnt auch schon die Anpassung: Von Anfang an besteht eine intensive Wechselwirkung zwischen uns und unserer Umgebung, wobei im Gehirn Schritt für Schritt komplizierte neuronale Netzwerke gebildet werden. In uns wird also schon vieles geformt, bevor wir überhaupt sprechen können. Die bewusste Beeinflussung fängt jedoch erst ab ungefähr dem dritten Lebensjahr an, wenn wir beginnen, uns als eigenständiges Wesen begreifen. Unsere Entwicklung ermöglicht uns dann langsam, die Reaktionen unserer Umwelt einzuordnen, und wir sind in der Lage, erste Anweisungen zu verstehen.

Wir beginnen bewusst, uns anzupassen. Zum großen Teil ist das durchaus sinnvoll. Wir müssen lernen, Gefühle wie Wut, Gier oder Egoismus zu beherrschen. Doch für die Originalität hat die Erziehung einen gravierenden Nachteil: Unsere Umwelt sieht uns am liebsten als Kopie ihrer selbst und möchte uns gerne nach ihren Vorstellungen formen. Wenn wir Pech haben, besteht ein großer Kontrast zwischen unseren Anlagen und dem, was sich unsere Umgebung wünscht.

Philipp, 45, Informatiker, erinnert sich mit Grausen, wie ihn sein sportbegeisterter Vater schon als Sechsjährigen zum Tennistraining geschleppt hat. Dabei gab es ständig Stress, weil der Sohn nicht das nötige Ballgefühl zeigte. Anna, eine 36-jährige Schriftstellerin, war ein stilles Kind, das gerne zuhause allein für sich spielte. Ihrer kontaktfreudigen Mutter machte das Sorgen. Sie fürchtete, Anna würde zur Einzelgängerin werden, also lud sie ständig Kinder für sie ein. Anna litt unter den aufgezwungenen Spielgefährtinnen.

Was von der Erziehung hängen bleibt, ist in solchen Fällen auch: So wie du bist, bist du nicht richtig. Unsere innere Kritikerin oder unser innerer Kritiker meldet sich später regelmäßig, um uns an unsere Unzulänglichkeit zu erinnern. Das ist keine gute Voraussetzung, um als Erwachsene die eigene Besonderheit freudig auszuleben.

Ein weiterer »Killer« ist unsere Rolle. Eigentlich stammt der Begriff der Rolle aus dem Theater. Schauspieler verkörpern auf der Bühne eine Person, die sie im wirklichen Leben nicht sind. In der sozialen Bedeutung verstehen wir unter einer Rolle alles, was zu einem bestimmten Status gehört. Freiwillig oder unfreiwillig nehmen wir im Leben verschiedene Rollen ein, manche sogar parallel. Wir sind Sohn oder Tochter, Mutter oder Vater, Partner oder Partnerin, Nachbar und Nachbarin, Vereinsmitglied, Hausbewohner. Außerdem fordert fast jeder Beruf, dass wir mit ihm eine Rolle besetzen.

Solche sozialen Rollen haben durchaus ihre Vorteile. Wenn wir wissen, was die jeweilige Rolle verlangt, fühlen wir uns sicher. Sie bildet die Leitplanke für unser Verhalten. Wir müssen nicht mehr lange überlegen, wie wir uns kleiden, wie wir sprechen und auftreten sollen. Das spart viel Energie. Wenn wir uns rollengerecht verhalten, bekommen wir dafür oft Anerkennung: »Sie ist eine gute Mutter«, »Er ist ein engagierter Pädagoge«. Gleichzeitig ist jede Rolle aber auch ein Korsett, das unsere Individualität eingrenzt, weil sie immer mit festen Erwartungen verbunden ist. Falls wir die

Anforderungen der Rolle nicht akzeptieren und sie auf unsere individuelle Weise ausfüllen wollen, können wir in eine Außenseiterposition geraten oder müssen empfindliche Nachteile hinnehmen, etwa indem man über uns lästert oder dass wir nicht befördert werden. Dadurch werden wir meist schnell wieder auf den richtigen Kurs gebracht. So erging es Hillary Clinton, während sich ihr Mann Bill um die Präsidentschaft in den USA bewarb. Als erfolgreiche, selbstbewusste Anwältin war sie gezwungen, sich in der Öffentlichkeit als Hausfrau und Kekse-Bäckerin zu präsentieren, um dem weiblichen Rollenverständnis der Wählerinnen und Wähler zu entsprechen.

Es besteht sogar die Gefahr, dass unsere Rolle unsere gesamte Persönlichkeit stark beeinflusst. Dabei wird das zur Rolle gehörige Verhalten auf andere Lebensbereiche übertragen. Besonders häufig passiert das im Beruf. Die Franzosen haben dafür eine treffende Bezeichnung, sie sprechen von einer *déformation professionelle*. Das erlebte ich zuletzt bei einer Lesung aus einem meiner Bücher. In der anschließenden Diskussion erläuterte eine Dame aus dem Publikum ihre Meinung mit erhobenem Zeigefinger. Der schulmeisterliche Ton kam allgemein nicht so gut an. Später erklärte mir die Veranstalterin mit einem entschuldigenden Lächeln: »Das darf man ihr nicht übel nehmen. Sie kann nichts dafür, sie ist Lehrerin.«

Es liegt in der Natur der Sache, dass eine Rolle niemals unsere gesamte Persönlichkeit zulässt. Aus diesem Grund opfern wir mit jeder Rolle auch ein Teil unserer Originalität.

Last but not least: Eines der stärksten menschlichen Bedürfnisse ist der Wunsch nach Zugehörigkeit. Aus gutem Grund sehnen wir uns danach – denn isoliert zu sein tut furchtbar weh. Die Neuropsychologie hat sogar festgestellt, dass Einsamkeit die gleichen Areale im Gehirn aktiviert wie Schmerz. Wir brauchen also mindestens eine Gruppe, der wir uns zugehörig fühlen. Das können Freunde und

Kollegen sein, ein Club, ein Verein, eine politische Partei oder auch in größerem Rahmen eine Gesellschaftsschicht oder eine Region.

Die Eintrittskarte für die Gruppe, zu der wir gehören oder gehören möchten, besteht darin, dass wir uns so verhalten, wie es in der Gruppe üblich ist. Wir müssen uns den Werten, Überzeugungen und Verhaltensweisen anpassen. Dazu schauen wir uns ab, was man in der für uns wichtigen Gruppe gut findet, und orientieren uns an ihren Leitfiguren. Je ähnlicher wir den Menschen in der Gruppe äußerlich und innerlich sind, desto mehr Vertrauen haben sie zu uns und desto eher heißen sie uns willkommen. Das gilt privat wie auch im Beruf.

Erscheinen wir dagegen andersartig, wirken wir fremd und verursachen Zurückhaltung oder sogar Ablehnung. Damit wir zu einer Gruppe gehören dürfen, unterdrücken wir die Eigenheiten, die nicht dazu passen.

Soziale Einflüsse lassen sich kontrollieren

Erziehung, Rollenverhalten und Gruppenzugehörigkeit haben notwendige und wichtige Einflüsse auf uns als soziale Wesen. Sie helfen, einen guten und angemessenen Umgang mit unseren Mitmenschen zu pflegen und uns in die Gesellschaft einzufügen. Sie verhindern, dass wir einsam sind und abgelehnt werden. Aber das hat seinen Preis: Wir geben mehr oder minder freiwillig einen Teil unserer Einzigartigkeit auf.

Die Lösung liegt jedoch nicht darin, dass wir gegen diese Einflüsse rebellieren. Damit würden wir ja gleichzeitig viel Nützliches über Bord werfen. Es ist jedoch notwendig, dass wir uns diese Einflüsse bewusst machen und die Kontrolle darüber gewinnen. Wir sind ihnen nicht ausgeliefert, sondern können entscheiden, welche Auswirkungen wir weiterhin akzeptieren und von welchen wir uns trennen wollen.

So manche Altlast aus der Erziehung müssen wir nicht mehr mit uns herumschleppen. Vieles, was wir damals geglaubt und übernommen haben, ist heute längst überholt. Es lohnt sich, die Regeln, mit denen wir aufgewachsen sind, zu hinterfragen. Der Maßstab dabei ist: Helfen sie mir, ich selbst zu sein, oder hindern sie mich daran?

Lisa, 36, machte sich viele Jahre das Leben schwer: »Was werden wohl die Leute denken?«, ging ihr ständig durch den Kopf. Immer wieder vergewisserte sie sich, ob ihre Umgebung auch mit dem einverstanden war, was sie sagte oder tat. Wurde sie kritisiert, bekam sie prompt Schuldgefühle. Lisa wuchs in einer süddeutschen Kleinstadt auf. Ihren Eltern war die Meinung der Nachbarn immer sehr wichtig. Als sie als 15-jährige im Hochsommer mit knappen Shorts aus dem Haus wollte, bekam sie von ihrem Vater eine Ohrfeige: »So gehst du mir nicht aus dem Haus! Die Nachbarn müssen ja denken, meine Tochter geht auf den Strich!« Erst in einer Psychotherapie lernte Lisa, sich von ihrer übermäßigen Anpassung zu befreien und die Meinung anderer weniger wichtig zu nehmen.

Auch was unsere verschiedenen Rollen betrifft, haben wir mehr Spielraum, als wir denken. Wir müssen nicht jede Rolle akzeptieren oder weiterführen, sondern sollten prüfen, ob sie auch zu unserer Persönlichkeit passt.

Vor einiger Zeit übernahm ich ein Ehrenamt in einer sozialen Einrichtung. Als ich zusagte, glaubte ich, ich könnte in dem Team als Psychologin inhaltlich einiges beitragen. Doch bald stellte sich heraus, dass meine Aufgabe hauptsächlich darin bestand, die Finanzplanung zu überprüfen. Dabei habe ich seit meiner Schulzeit ein Trauma in puncto Zahlen – da war ich wirklich in der falschen Rolle. Eine Weile hielt ich diszipliniert durch, aber dann verabschiedete ich mich. Mein Nachfolger war ein Banker, für den die Rolle maßgeschneidert war.

Sinnvoll ist es auch, eine gewisse Distanz zu der jeweiligen Rolle zu wahren. Denn wir selbst bestimmen, in welchem Maße wir sie ausfüllen wollen. Im Vorsitz eines Vereins können wir entweder unsere gesamte Freizeit opfern oder wir erfüllen einfach nur ordentlich unsere Aufgabe.

Besonders schwierig ist es sicher, die Anpassung an eine Gruppe zu kontrollieren. Keiner von uns möchte schließlich eine Außenseiterposition einnehmen. Aber Angst vor Einsamkeit sollte nie unser einziges Motiv sein, sich anderen anzuschließen. Wenn wir nämlich zu viele Kompromisse machen, bekommt uns das schlecht. In unserem Innern werden wir immer spüren, dass wir nicht wirklich dazugehören. Außerdem durchschauen es die anderen am Ende doch, wenn wir uns verstellen.

Richard, 58, ist Single und segelt gerne. Deshalb ist er einem Segelverein beigetreten, dessen Boote auf einem See in der Nähe von Hamburg liegen. Leider passt er nicht zu den Mitgliedern. Richard verträgt keinen Alkohol – bei den Freizeitkapitänen fließt reichlich Bier. Richard hat einen anstrengenden Job und geht am Wochenende am liebsten früh in die Koje – die Vereinsmitglieder hocken bis nach Mitternacht zusammen und werden dabei auch ziemlich laut. Richard versucht, sich anzupassen, aber es nutzt nichts. Er gilt schnell als »Langweiler«. Schließlich zieht er mit seinem Boot an die Ostsee, wo es in einem großen Hafen nur um den Segelsport geht.

Auch wenn es vielleicht eine Weile dauert: Es ist wichtig, sich die passende Gruppe auszusuchen. Wo vertritt man meine Werte? Wo teilt man meine Interessen? Wo fällt es mir leicht, mich ebenso zu verhalten wie die übrigen Mitglieder? Wo fühle ich mich geschätzt und geborgen, auch ohne dass ich permanent Leistung bringe? Genau da sind wir richtig und müssen am wenigsten von unserer Einzigartigkeit abgeben.

Vergleiche verhindern Einmaligkeit

Nicht nur unsere Umgebung ist schuld daran, dass uns unsere Einmaligkeit aus dem Blick gerät. Dafür sorgen wir auch selbst, indem wir neidisch auf andere schauen, die offenbar kompetenter, klüger, geschickter, erfolgreicher, glücklicher oder attraktiver sind als wir. Jedes Mal, wenn wir uns vergleichen, verraten wir unsere Einzigartigkeit. Sobald wir nämlich zu intensiv auf eine andere Person sehen, verlieren wir uns selbst aus den Augen. Wir ignorieren, dass der Mensch, mit dem wir uns messen, eine ganz andere Kombination von Eigenschaften und Fähigkeiten hat als wir – und dass sein Schicksal und seine Aufgaben im Leben völlig andere sind. Ein Vergleich im Konkurrenzmodus hindert uns daran, unsere individuellen Fähigkeiten zu schätzen.

Peter, 42, hat Betriebswirtschaft studiert. Nach Jahren als Manager in verschiedenen Konzernen hat er sich selbstständig gemacht und verdient seitdem sein Geld damit, Vorträge zu Themen der Wirtschaft zu halten. Die Inhalte erarbeitet er immer sehr aufwändig und gründlich. Seine Referate fordern den Zuhörern einiges an Mitdenken ab. Entsprechend klein, wenn auch fein, ist die Gruppe derjenigen, die ihn bucht. Eines Tages nimmt er auf einer Veranstaltung als Zuhörer teil. Der Saal ist bis auf den letzten Platz besetzt, denn der Redner ist ein Publikumsmagnet. Peter hat schon viel von ihm gehört und will ihn jetzt live erleben. Was er sieht, enttäuscht ihn komplett: Auf der Bühne springt ein kleiner dicker Mann herum, erzählt Anekdoten und gibt Allerweltstipps. Als er sich am Ende verbeugt, bekommt er vom Publikum stehend Applaus. »Der ist einfach toll, nicht wahr?«, bemerkt sein Sitznachbar begeistert zu Peter. Der knirscht innerlich mit den Zähnen. Wofür macht er sich eigentlich die Mühe, wochenlang einen anspruchsvollen Vortrag vorzubereiten? Offenbar reicht es doch, einfach ein guter Entertainer zu sein, um großen Erfolg zu haben. Peter hadert mit sich. Warum ist er selbst bloß immer so ernsthaft und engagiert? Warum kann er es sich nicht ebenso leicht machen? Vielleicht sollte er demnächst auch einfach drauflosreden?

Vergleiche führen uns auf den falschen Weg und bringen uns am Ende vielleicht sogar dazu, eine schlechte Kopie zu werden. Zum Glück ist es mit einem einfachen Gedankenspiel möglich, sich die eigene Einzigartigkeit schnell wieder bewusst zu machen: Angenommen, wir könnten bekommen, was uns bei dem anderen so erstrebenswert erscheint – aber nur unter der Bedingung, dass wir bereit sind, dafür auch alles Übrige von ihm zu übernehmen – gegebenenfalls die unglückliche Partnerschaft, die mangelnde Gesundheit, die Überarbeitung oder einen äußeren Makel. Wären wir damit einverstanden? Mir ist noch niemand begegnet, der diesem Handel zugestimmt hätte. Da bleiben wir doch lieber, wie wir sind.

Aber es gibt tatsächlich eine Art von Vergleich, die unsere Einmaligkeit nicht nur bewahrt, sondern sogar fördert: der Vergleich mit uns selbst. Wir dürfen uns jederzeit fragen, wie wir mit Blick auf eine frühere Version unserer Person abschneiden: Bin ich in den vergangenen Jahren selbstbewusster geworden? Habe ich meinen Stil gefunden? Bin ich inzwischen gelassener? Stellen wir fest, dass wir noch Defizite haben, ist das ein Hinweis darauf, dass wir uns weiter um die Entwicklung unserer Persönlichkeit bemühen sollten. Wenn wir sehen, dass wir unsere Einzigartigkeit in bestimmten Bereichen schon ein gutes Stück entfaltet haben, ist das ein Grund, stolz auf uns zu sein.

Bei allem Lob der Einzigartigkeit darf man natürlich nicht unerwähnt lassen, dass sie bisweilen einen schlechten Ruf hat. Das liegt an denjenigen, die sie als Selbstdarstellung missverstehen. In den Medien erscheinen oft Menschen, die ihre Einmaligkeit auf unangenehme Weise betonen. Wie neulich: Bevor eine bekannte Popsängerin um zwei Uhr nachts in einem Londoner Hotel eincheckte, begutachteten ihre Assistenten, ob die Örtlichkeit auch für die Ankunft ihrer Chefin bereit sei. Die Diva wurde währenddessen in ihrer Limo immer wieder um den Block gefahren und stieg erst aus, als das Hotelpersonal einen mit Kerzen gesäumten roten Teppich ausgerollt hatte.

Doch auch im normalen Leben gibt es immer wieder Menschen, die ihre Einzigartigkeit zelebrieren. Sie kommen bewusst zu spät, um einen großen Auftritt zu haben, kleiden sich unpassend, um aufzufallen, und verhalten sich, als wären sie allein auf der Welt. Oder schlimmer: In einer überlegenen Position lassen sie diejenigen, die von ihnen abhängig sind, ihre Macht spüren und demütigen sie.

Wer es nötig hat, seine Einzigartigkeit auf demonstrative Weise herauszustellen, glaubt im Grunde seines Herzens nicht daran. Deshalb muss er sich ihrer immer wieder durch spektakuläre Aktionen versichern. Aber solche narzisstischen Erscheinungsformen dürfen nicht dazu führen, dass wir, davon abgeschreckt, unsere wahre Einzigartigkeit verleugnen.

Schluss mit der Bescheidenheit

Es gibt immer wieder Menschen, die auffallen, weil sie es verstehen, ihre Einmaligkeit zu leben. Gewiss haben sich die meisten der Männer und Frauen, die unsere Bewunderung verdienen, kaum Gedanken über ihre Einzigartigkeit gemacht. Sie sind einfach dem nachgegangen, was ihnen am Herzen liegt und ihnen entspricht. Sie haben sich für benachteiligte Kinder eingesetzt oder mit ein paar Freunden für sauberes Wasser in Afrika gekämpft, haben Computerprogramme entwickelt, in ihrem Wohnzimmer Blogs geschrieben, Filme mit minimalem Budget gedreht oder sind als Newcomer in die Politik gegangen, weil sie etwas in ihrem Land verbessern wollten – und plötzlich kam der Erfolg.

Schön, aber er ist nicht entscheidend. Um einmalig zu sein, brauchen wir keine große Bühne, nur das sichere Bewusstsein, dass niemand unseren Platz einnehmen kann. Deshalb sind die Fragen wichtig: Wer bin ich? Was bewegt mich im tiefsten Inneren? Was macht mich glücklich? Was ist meine Stärke? Was kann ich anderen geben? Liebe, Freundlichkeit, Humor, Trost, Fantasie, Erklärungen, Inspiration, Wissen auf einem bestimmten Gebiet, neue Ideen, Zuverlässigkeit, Unterstützung, Loyalität, Gründlichkeit, gute Laune, Fürsorglichkeit, Ermutigung? Was auch immer unsere Einzigartigkeit ausmacht, es lässt sich ganz normal im Alltag umsetzen, an dem Platz, wo wir uns gerade befinden.

In meiner Nachbarschaft gibt es einen Kleiderladen mit dem netten Namen »Himmlische Preise«. Vordergründig geht es darin natürlich um den Verkauf von Kleidung. Da zeigt die Inhaberin viel Geschmack und berät erstklassig. Aber in Wirklichkeit ist diese Frau die gute Seele des Viertels. Sie kennt alle ihre Kundinnen mit Namen, hört aufmerksam zu und ist oft erste Anlaufstelle bei Kummer oder Freude. Würde sie ihr Geschäft aufgeben, wäre es ein großer Verlust. Die Boutique ein paar Häuser weiter könnte dagegen schließen, ohne dass irgendjemand es besonders bedauern würde.

Angenommen, wir werden, wie Rabbi Sussja es vermutete, nach unserem Ableben von der himmlischen Instanz gefragt: »Warum bist du nicht (hier bitte den eigenen Namen einsetzen) gewesen?« Dann ist es allerdings zu spät. Von daher sollten wir uns jetzt bemühen, das zu leben, was uns besonders macht. Das erfordert den Mut, uns weiterzuentwickeln, Neues zu lernen, Risiken einzugehen, Abschied von einer falschen Umgebung zu nehmen, auch mal eine Weile Alleinsein zu ertragen, aufzufallen, zu widersprechen, unser Bestes zu geben, uns selbst zu lieben. Wenn wir tun, was alle tun, dann werden wir kaum jemandem fehlen, wenn wir von dieser Erde gehen. Es sind die Originale, nicht die Kopien, die eine Spur hinterlassen.

Finde dich attraktiv

Jeder Mensch ist attraktiv – aber nicht jedem ist das bewusst. Es ist, als hätte wie im Grimm'schen Märchen eine böse Fee die meisten von uns verzaubert, so dass wir vergessen haben, wie schön und anziehend wir in Wirklichkeit sind. Tatsächlich sind es Zaubersprüche, mit denen uns der Glaube an unsere Attraktivität weggehext wird: die abwertenden Urteile anderer über uns. Je früher wir sie gehört haben, desto wirksamer sind sie. Später halten wir den bösen Zauber aufrecht, indem wir die alten Sprüche verinnerlichen und im Vergleich mit dem gängigen Schönheitsideal noch ein paar neue hinzufügen. Was für eine Verschwendung an Charme, individueller Schönheit und Anziehungskraft! Zum Glück gibt es einen Gegenzauber. Doch damit er wirkt, müssen wir uns erst einmal gründlich mit dem befassen, was uns damals beeinflusst hat und was uns gegenwärtig beeinträchtigt.

Wer in prägenden Jahren wegen seines Aussehens abgelehnt wurde, weiß, wie schmerzhaft das ist. Kinder mit einem Handicap wie Segelohren oder einer Gehbehinderung, mit roten Haaren oder der falschen Kleidung können davon ein Lied singen – ebenso wie pummelige, zu kleine oder zu große Teenager. Es reicht eine äußere Unregelmäßigkeit und schon ist man der unüberlegten Boshaftigkeit anderer Menschen ausgeliefert.

Meine erste Schönheitsoperation bekam ich im Alter von vier Jahren. Leider erfolglos, so dass ich mich mit 15 Jahren noch einmal freiwillig unters Messer legte. Der Grund war, dass ich auf dem linken Auge fürchterlich schielte. Das bescherte mir im Kindergarten und in der Schule viel Spott, zumal ich auch noch eine hässliche Brille auf der Nase trug. Damals gab es nur schwere Gestelle in schwarz oder braun. »Brillenschlange« war noch die harmloseste Hänselei. Die zweite OP gelang und mit 16 war dann alles gut, aber natürlich war hinsichtlich Vertrauen in meine Attraktivität schon viel verloren.

Ich begab mich auf einen langen Weg, der dann sogar noch eine kurze Karriere als Model brachte, bis ich hinsichtlich meines Äußeren selbstbewusst wurde.

Tröstlich ist im Nachhinein, dass Leidensgenossinnen und -genossen damit in bester Gesellschaft mit so manchen berühmten Persönlichkeiten sind.

»Mit Ihrem Aussehen«, mokierte sich der Schauspiellehrer Pierre Dux über einen Schauspielschüler, »können Sie niemals eine junge Frau in die Arme nehmen, ohne dass das Publikum in Gelächter ausbricht.« Für viele unsichere junge Männer wäre diese Kritik ein Grund gewesen, aufzugeben oder komplett ins komische Rollenfach zu wechseln. Dieser junge Mann tat es nicht. Mit seiner Boxernase und den aufgeworfenen Lippen wurde Jean-Paul Belmondo zum Publikumsliebling und hielt in seinen Filmen die schönsten Frauen in den Armen, ohne dass jemand gelacht hätte.

Eine junge, noch unbekannte Schauspielerin und Sängerin stellte sich beim Casting einer großen Produktionsgesellschaft vor. Zufällig fiel ihr später die Beurteilung ihres Auftritts in die Hände. An den Rand der Seite hatte jemand von der Jury gekritzelt: »Begabt, aber zu hässlich.« Das hatte sie allerdings schon vorher von ihrer Mutter gehört. Als sie verkündete, dass sie auf die Bühne wollte, sagte sie, bei ihrem Aussehen solle sie lieber Sekretärin werden. Zum Glück zerstörten diese schlimmen Urteile nicht ihren Ehrgeiz. Sie weigerte sich zudem konsequent, sich chirurgisch dem gängigen Schönheitsideal anpassen zu lassen. Ihr Gesicht mit dem leichten Silberblick und der großen Nase ist unverwechselbar. Bis heute hat Barbara Streisand nicht nur alles an Preisen abgeräumt, was die Film- und Musikbranche hergibt, sondern gilt auch als sehr attraktiv.

Es erfordert eine Menge Selbstbewusstsein, abwertende Urteile über das eigene Äußere nicht als Wahrheiten zu verinnerlichen. Kinder, Teenager und auch junge Erwachsene haben dieses Selbstvertrauen meist noch nicht. Zum Glück löst die negative Zuschreibung in manchen Betroffenen eine Trotzreaktion aus: »Euch werde ich es noch zeigen!« Erstaunliche viele Topmodels berichten, dass sie sich in jungen Jahren unattraktiv fühlten, weil ihre Umgebung ihnen das zurückmeldete. So bekennt Karolina Kurkova, dass sie sich früher gar nicht schön fand: »Wenn ich mir meine Arme und Beine ansah, fand ich, dass die ganzen Proportionen nicht stimmten. Und ich war immer die Größte in der Schule. Jungs fanden mich null spannend. Zu der Zeit hat man mich auch nie mit einem breiten Lächeln gesehen, weil ich meine Zähne nicht zeigen wollte. Sie wirkten viel zu groß. Ich habe es gehasst, mich auf Fotos zu sehen. Ich musste erst lernen, mich zu lieben.«

Auch ohne spezielles Handicap hat sich bei den meisten von uns im Laufe der Zeit einiges angesammelt: das Lästern unserer Mitschülerinnen im Sportunterricht über unsere kurzen Beine, die fiese Bemerkung unseres heimlichen Schwarms damals auf der Party. Auch jede unausgesprochene Ablehnung ist registriert, etwa als unsere hübsche Freundin oder unser gutaussehender Freund überall im Mittelpunkt stand, während wir übersehen wurden.

Was ist Schönheit?

Insgesamt haben also frühe Erfahrungen unsere Wahrnehmung über unser Äußeres geprägt und sind teilweise bis heute wirksam. Wenn wir nicht bewusst dagegen angehen, dann sehen wir uns emotional immer noch mit Babyspeck, Zahnspange oder Pubertätspickel, obwohl wir uns längst verändert haben. Deshalb ist es höchste Zeit, das alte Selbstbild über Bord zu werfen – zumal es oft sogar damals schon keine Berechtigung hatte. Vielleicht waren wir ja gar nicht unattraktiv, sondern man hat uns aus ganz anderen Gründen abgewertet, etwa aus Eifersucht.

Eine Klientin erzählte mir, dass ihre Mutter sie wegen ihrer zarten, hellen Haut verächtlich »Bleichgesicht« nannte und ihr damit vermittelte, sie sei hässlich. Möglicherweise entsprachen wir auch nur nicht dem damals aktuellen Schönheitsideal. Hatten krause Haare, als glatt angesagt war, oder waren kurvig, als man eine Bleistiftfigur schön fand. Es wäre jedenfalls fatal, wenn wir heute noch an den Folgen dieser falschen, gemeinen negativen Äußerungen leiden würden. Schließlich sind wir nicht einmal rein physisch noch derselbe Mensch. Jede Zelle unseres Körpers hat sich inzwischen mehrfach erneuert. Warum sollten wir dann immer noch die gleiche Meinung über uns im Kopf haben, uns immer noch als »Bohnenstange«, »Fettklops«, Mauerblümchen oder Zwerg sehen? Das ist vorbei!

Doch nicht jeder kritische Blick auf uns ist von gestern. Auch die Gegenwart wirkt sich auf unser Selbstbild aus. Die Medien transportieren das jeweilige Schönheitsideal. Und immer mehr Menschen – junge ebenso wie ältere – glauben: »Ich bin nicht schön (genug).« Das gilt besonders für Frauen, weil für sie trotz aller Emanzipation das Aussehen immer noch eine große Bedeutung hat. Allerdings holen die Männer inzwischen auf.

Aber was ist denn überhaupt Schönheit? Schon die antiken Philosophen versuchten, sie über ideale Maße zu definieren. Heute untersucht man in der Attraktivitätsforschung, was wir als schön empfinden. Dazu haben die Forscher in einem Experiment Fotos von Personen am Computer bearbeitet und einer Reihe von Studienteilnehmern zur Begutachtung vorgelegt. Das Experiment zeigte, dass Menschen mit einem symmetrischen Gesicht und Körper als besonders schön gelten. Der Verhaltensforscher und Evolutionsbiologe Karl Grammer hat neben diesem Kriterium auch noch die Zeichen von Jugendlichkeit ausgemacht. Die zeigen sich im Zustand von Haut, Haaren und in den Körperbewegungen.

Trotzdem sind Gleichmaß und Jugend nicht alles. Unsere Vorstellung von Schönheit hängt ebenso von den aktuellen Wertvorstellungen und Idealen ab. Heutzutage sind ein Doppelkinn und ein dicker Bauch optisch nicht gerade erstrebenswert, während sie in der Renaissance als äußerst reizvoll galten. Das Schönheitsideal wird von der herrschenden Mode diktiert, die wiederum von gesellschaftlichen und wirtschaftlichen Bedingungen beeinflusst wird. Gegenwärtig ist in der westlichen Welt eine schlanke Figur das Ideal für Männer und Frauen. Daran wird sich so schnell auch nichts ändern, selbst wenn einige gewichtige Pop- und Filmstars dagegen angehen.

Die Medien täuschen uns

Wir geben gerne ausschließlich den Medien die Schuld, dass so viele Frauen und Männer mit ihrem Aussehen unzufrieden sind. Ihnen werfen wir vor, dass sie Normen setzen, die kaum jemand erreichen kann. Keine Frage – die Medien haben Einfluss. Aber wie weitreichend wir uns von ihnen bestimmen lassen, liegt in unserer eigenen Verantwortung. Wir wissen es doch längst, nur kommt es beim Blättern durch ein Hochglanzmagazin oder beim Betrachten von Fotos im Internet irgendwie nicht in unserem Bewusstsein an: Dieses Ideal ist ein Betrug. Die Vorbilder in den Medien beruhen auf einer Täuschung, denn was man da sieht, sind Kunstwesen.

Bei Modeproduktionen kommen blässliche junge Mädchen durch die Tür, nach denen sich auf der Straße ganz gewiss keiner umdreht. Erst nachdem sich Make-up- und Hairstylisten stundenlang um sie gekümmert haben, kommt Glamour rüber. Das gilt auch für weibliche und männliche Film- und Popstars, die ebenso gerne als Vorbilder genommen werden. Sehen Sie sich unzensierte Paparazzi-Schnappschüsse an: Kaum zu glauben, dass die Frauen, die sonst glamourös über den roten Teppich stöckeln, oder die Männer, die auf Videoclips so heiß aussehen, mit diesen unscheinbaren Graumäusen oder schlampig rasierten Kerlen mit Bauchansatz identisch sein sollen.

Hinzu kommen die Möglichkeiten der digitalen Bildbearbeitung. In den Bildredaktionen zieht man problemlos Beine lang und lässt Falten oder Pickel komplett verschwinden. Im aktuellen Katalog eines großen Versandhandels fiel mir das besonders auf. Die Figuren waren derartig langgezogen, dass die Köpfe proportional viel zu klein wirkten. Auch für die sozialen Medien werden Programme angeboten, mit denen man sein Porträt korrigieren kann. Solche Fakes ernst zu nehmen und ihnen nachzueifern, macht nur unglücklich.

Nun behaupte ich nicht, dass alles an uns großartig ist. Da gibt es schon manches, was nicht unbedingt den Schönheitspreis gewinnt: Dünne Haare, dicke Oberschenkel, Schlupflider, ein fliehendes Kinn, kleine Augen, Aknenarben, ein schmaler Mund, große Ohren – um nur einiges zu nennen. Es besteht kein Grund, das wegzudiskutierten. Man darf durchaus mal in einer Umkleidekabine vor dem Spiegel stehen und stöhnen: »Lieber einen Taucheranzug als einen Bikini« oder »Auf diese Badehose komme ich nach einer Fastenkur zurück« – solange man nicht der inneren Kritikerin oder dem inneren Kritiker ständig das Feld überlässt. Es handelt sich um den Persönlichkeitsanteil, der gerne auf unseren Schwächen herumhackt: »Deine Cellulite-Dellen sind einfach grässlich.« »Du kriegst allmählich eine Glatze, wie furchtbar.« Eigentlich hat dieser Teil die positive Aufgabe, uns anzuspornen, damit wir das Beste aus uns herausholen. So weit, so nützlich. Nur besteht dabei die Gefahr, dass er, einmal in Aktion, blindlings alles niedermacht, was ihm nicht gefällt – und damit unser Selbstwertgefühl untergräbt.

Diesem Anteil sollten wir strikt den Mund verbieten. Aber werden wir dann nicht nachlässig oder erliegen einer Selbsttäuschung? Keine Sorge, sich freundlich zu beurteilen, heißt nicht, die Tatsachen zu leugnen. Doch sobald wir die Realität liebevoll betrachten, gehen wir anders damit um. Wir hadern nicht mehr mit dem, was wir nicht ändern können, wie unserer Gesichtsform oder unserer Schuhgröße.

Und wir verbessern aktiv das, was uns möglich ist, etwa Übergewicht oder Hautunreinheiten. Aber wir machen uns nicht mehr gnadenlos nieder.

Strategien gegen die kritische innere Stimme

Der inneren Kritikerin oder dem inneren Kritiker Paroli zu bieten, erfordert einiges an bewusstem Umdenken, doch es gibt wirkungsvolle Strategien, mit denen das gelingt.

Ein gutes Argument, das auch bei optisch weniger schönen Körperteilen zu mehr Akzeptanz führen kann, ist dieses: Die Funktion ist wichtiger als das Aussehen. Hier sind Männer übrigens Frauen deutlich überlegen. Untersuchungen haben ergeben, dass Männer ihren Körper weniger unter ästhetischen Gesichtspunkten betrachten als vielmehr unter dem Blickwinkel: Funktioniert er? Was ermöglicht er mir? Diese Sichtweise sollten wir alle übernehmen: Unsere Hände, die wir zu breit finden, können streicheln oder Klavier spielen. Unsere kurzen Beine tragen uns bestens durch den Tag. Mit unseren kleinen Augen nehmen wir ein Kinderlächeln und einen wunderbaren Sonnenuntergang wahr.

Grund genug, den geschmähten Körperteilen richtig dankbar zu sein. Hier ist eine schöne Übung dazu: Wir schließen die Augen und konzentrieren uns auf diejenigen Körperteile, die wir nicht sonderlich schätzen – und senden ihnen ein wohlwollendes Lächeln. Dabei ist es nicht nötig, den Mund zu verziehen, es reicht ein innerliches Lächeln. Wir bedanken uns bei ihnen, dass sie so treu ihren Job machen, obwohl wir die meiste Zeit an ihnen herummäkeln. Bei der Gelegenheit kann man sich auch gleich erkundigen, was ihnen guttäte. Vielleicht eine kleine Massage? Gesünderes Essen? Sport? Eine fröhlichere Mimik? Das sollten wir ihnen dann gönnen. Wenn wir diese Übung regelmäßig machen, wird sich allmählich etwas in uns verändern. Liebe und Dankbarkeit lassen nämlich wenig Platz für gnadenlose Perfektion.

Eine weitere wirkungsvolle Methode ist es, sich auf die persönlichen Pluspunkte zu konzentrieren. Wer nämlich wie das Kaninchen vor der Schlange auf seine Schwachstellen starrt, verliert das Bewusstsein für seine äußeren Stärken. Das gilt es jetzt wieder zu gewinnen. Dabei nützt es, einmal eine ausführliche Liste der eigenen Schokoladenseite zu machen: Was ist alles schön an mir? Womit bin ich zufrieden? Wem dabei nichts einfällt oder wer unsicher ist, kann eine gute Freundin oder einen Freund seines Vertrauens fragen. Und dann bitte nicht gleich bescheiden abwiegeln: »Och, so toll ist das ja nun auch nicht«, sondern den Hinweis dankend annehmen. Nun fokussiert man sich auf seine Schoko-Liste. Sobald die kritische innere Stimme beim Blick in den Spiegel auf einen vermeintlichen Mangel hinweist, etwa: »Dein Mund ist viel zu schmal«, kontern wir souverän: »Okay, aber dafür habe ich schöne Zähne und ein tolles Lachen.«

Wir können auch die Gegenstrategie fahren und nach dem Motto »Angriff ist die beste Verteidigung« Mängel in Markenzeichen verwandeln. Statt von dem fraglichen Körperteil abzulenken oder es schamhaft zu verstecken, setzen wir noch eins drauf und betonen es ganz bewusst. Beginnende Glatze? Warum nicht das Resthaar raspelkurz abscheren lassen? Brillenträgerin? Warum nicht ein richtig auffälliges Modell im Schmetterlingslook tragen? Das sieht interessant aus und hat positiven Wiedererkennungswert.

Nicht alle körperlichen Mängel lassen sich kompensieren. Es gibt solche, die wirklich belasten, vor allem, weil sie immer wieder negative Reaktionen der Umgebung auslösen. In dem Fall sollten wir nicht nach dem Motto »Was mich nicht umbringt, macht mich stärker« verfahren. Entstellende Narben, eine Nase, die nicht ins Gesicht zu passen scheint, schiefe Zähne oder abstehende Ohren – das müssen wir nicht als gegeben hinnehmen. Faustregel: Wenn die Beeinträchtigung schwerer wiegt als das Risiko einer Operation, dann sollte man es angehen und sich das bestmögliche Fachpersonal dafür aussuchen.

Möglicherweise beginnt dann mit der Korrektur ein leichteres Leben. Eine Garantie dafür gibt es allerdings nicht. Es kann sein, dass man feststellt: Jetzt ist zwar weg, was mich immer gestört hat, aber eigentlich hat sich dadurch in meinem Leben und in meinen Beziehungen nicht viel geändert. Die Gefahr besteht vor allem, wenn wir eine allgemeine Unzufriedenheit auf unser Äußeres projizieren und dann glauben: Wenn ich nur schöner wäre, dann wäre ich beliebter, erfolgreicher und hätte eine wunderbare Partnerschaft. Das ist ein großer Irrtum. Der Beweis dafür liegt auf der Hand: Wäre das tatsächlich so, dann müssten ja alle schönen Frauen und gutaussehenden Männer glücklich und mit sich zufrieden sein. Sind sie aber nicht.

Und noch ein Tipp: Wie großzügig oder stiefmütterlich die Natur uns auch bedacht hat, mindestens fünfzig Prozent unserer positiven äußeren Wirkung liegen vollkommen in unserer Hand, ohne jede Schönheitskorrektur: Wir haben die Möglichkeit, unsere Attraktivität durch unsere Kleidung zu steigern. Sich attraktiv zu kleiden, hat weder ausschließlich mit Geld noch mit modischen Trends zu tun. Es hängt davon ab, wie stimmig wir mit unserem Outfit unsere Persönlichkeit ausdrücken. Der Designer Raf Simons beschreibt es treffend: Kleider sind das Medium der eigenen Haltung. Zur Vorbereitung fragen wir uns: Was ist für mich charakteristisch? Mit welchen Adjektiven kann ich mich beschreiben? Vielleicht: sensibel, vornehm, extravertiert, kontaktfreudig, natürlich, unkompliziert, exzentrisch, eigenwillig, bescheiden, zurückhaltend, anspruchsvoll, bodenständig, kreativ, fantasievoll, verträumt, romantisch, locker, erfolgreich, apart, ruhig, besonnen, geheimnisvoll, verführerisch, lebhaft, mutig, sportlich?

Damit haben wir nicht nur ein gutes Stück Selbsterkenntnis gewonnen, sondern gleichzeitig die Grundlage für unseren modischen Einkaufszettel geschaffen. Indem wir zu unseren Eigenschaften die passende Kleidung finden, bringen wir unser Inneres mit unserem Äußeren in Einklang und erreichen so einen attraktiven Gesamteindruck.

Wir sind so attraktiv, wie wir glauben

So wichtig es auch ist, dass wir optisch das Beste aus uns herausholen, das eigentliche Geheimnis einer attraktiven Wirkung liegt in unserem Kopf: Unser Selbstbild bestimmt, wie wir wahrgenommen werden. Oft höre ich in Seminaren Sätze wie diese: »Als Teenager habe ich geglaubt, ich wäre zu dick. Aber wenn ich mir heute die Fotos von damals anschaue, stelle ich fest, dass ich eine ganz normale Figur hatte. Wie schade, dass ich mir damit so viel Selbstvertrauen genommen habe.«

Meine eigene Erfahrung ist ähnlich: Mit Anfang zwanzig hatte ich eine Freundin, die allgemein als attraktiv galt. Sie war sehr selbstbewusst und fand sich toll. Ihr Freund erzählte einmal grinsend, sie habe vor dem Spiegel gestanden und sich bewundert: »Mein Gott, bin ich schön.« Neben ihr kam ich mir unscheinbar vor – besonders deshalb, weil alle Welt sie so anziehend fand. Vor einiger Zeit räumte ich meine Fotoalben auf und fand eine Aufnahme, auf der wir beide nebeneinander standen. Mit der Distanz vieler Jahre konnte ich sehen, dass sie objektiv keineswegs hübscher war als ich. Aber weil sie sich dessen so sicher war, übertrug sich das auf die anderen.

Wenn wir uns selbst nicht attraktiv finden, beeinträchtigt das indirekt unsere Wirkung: Denn wir strahlen aus, was wir von uns denken. Unterschwellig senden wir über die Körpersprache entsprechende Botschaften an unsere Umgebung. Wir vermeiden längeren Blickkontakt, lassen die Schultern hängen, senken den Kopf, zupfen unsicher an unserer Kleidung oder verschränken die Arme vor der Brust. Auch verbal schlägt unser negatives Selbstbild durch, wenn wir beispielsweise Komplimente abwehren, statt uns lächelnd dafür zu bedanken. Oder wenn wir ungefragt auf unsere vermeintlichen Schwachstellen hinweisen: »Sie haben schicke Schuhe an! Schade, so etwas kann ich nicht tragen, ich habe zu breite Füße.«

Über kurz oder lang zeigt unsere heimliche Botschaft Wirkung. Am Anfang halten die anderen vielleicht noch höflich dagegen, aber schließlich übernehmen sie unser Selbstbild und behandeln uns entsprechend. Damit haben wir eine sich selbst erfüllende Prophezeiung in Gang gesetzt: Weil wir uns nicht schön finden, tut es auch unsere Umgebung nicht. Und das wiederum bestätigt uns darin, dass wir nicht schön sind. Wir haben es ja gleich gewusst!

Die gute Nachricht: Was im Negativen funktioniert, funktioniert auch im Positiven. Sobald wir uns selbst akzeptieren und auftreten wie jemand, der sich attraktiv findet, werden wir auch so gesehen, selbst wenn wir objektiv unsere Schwächen haben. Es lohnt sich also, an einer neuen Selbsteinschätzung zu arbeiten. Sie ist die Basis unserer Attraktivität.

Doch nicht nur unser Äußeres und wie sicher wir es präsentieren spielt eine Rolle, sondern vor allem auch unser Wesen und unser Verhalten. Schließlich spricht man auch von einer »Schönheit von innen«. Dazu haben Wissenschaftler ein interessantes Experiment gemacht: Versuchspersonen sahen sich Fotos von Gesichtern an und bewerteten sie nach ihrer Attraktivität. Zwei Wochen später wurden ihnen dieselben Gesichter noch einmal vorgelegt, aber diesmal bekamen sie zu jedem Bild ein paar kurze Informationen zur (angeblichen) Persönlichkeit der abgebildeten Person. Daraufhin sollten die Probanden erneut die Attraktivität bewerten. Das Ergebnis: Tatsächlich hatte die Beschreibung großen Einfluss auf ihre Bewertung. Wenn die Person als wenig nett beschrieben wurde, sank ihr ursprünglich hoch eingestufter Attraktivitätslevel. Was beweist: Ist uns ein Mensch sympathisch, finden wir ihn automatisch auch optisch ansprechender.

Grund genug, dass wir nicht nur an unserem Aussehen, sondern auch an unseren sozialen Fähigkeiten arbeiten. Freundlichkeit, Großzügigkeit, Herzlichkeit, Fairness und Hilfsbereitschaft sind ganz sicher echte Schönmacher.

Nutze Vorbilder

Beim Stichwort »Vorbild« fallen einem gewiss erst einmal Menschen ein, die Großes gedacht oder Gutes getan haben, die mutig für eine positive Sache kämpften oder Meisterwerke schufen: Mahatma Gandhi, Mutter Teresa, Albert Einstein, Sigmund Freud, Emmeline Pankhurst, Albert Schweitzer, Dietrich Bonhoeffer, Sophie Scholl, Martin Luther King, Nelson Mandela. Wer solchen herausragenden Persönlichkeiten nacheifert, macht sicher nichts falsch. Aber mal ehrlich, der Abstand ist denn doch zu groß. Nicht einmal in meiner engagiertesten Zeit als Psychotherapeutin hätte ich es gewagt, mich in der Nachfolge von Mutter Teresa zu sehen.

Trotzdem: Wenn wir uns entwickeln, verbessern oder weiterkommen wollen, brauchen wir Menschen, mit denen wir uns identifizieren und denen wir nacheifern können. Das ist wie eine Rankhilfe für Rosen, die der Pflanze Halt und Sicherheit beim Wachstum gibt. Der kanadische Psychologe Albert Bandura sieht drei mögliche Lerneffekte, wenn wir ein Vorbild beobachten: Wir erwerben entweder eine neue Verhaltensweise oder vorhandenes Verhalten wird verstärkt beziehungsweise gebremst oder ein bestimmtes Verhalten wird ausgelöst.

Allerdings wählen wir Vorbilder selten ein für alle Mal. Tatsächlich wechseln wir sie mehrfach im Laufe unseres Lebens, abhängig von der jeweiligen Situation und unseren aktuellen Bedürfnissen.

Die ersten Vorbilder suchen wir uns nicht aus: unsere Eltern oder frühe Bezugspersonen. Wenn sie gut zu uns sind, bewundern wir sie auch. Dann sind Papa und Mama oder Oma und Opa für uns die Größten. So berichtet eine Journalistin: »Ich wollte als Kind so sein wie meine Oma, weil sie immer so toll lackierte Nägel hatte und funkelnden Schmuck trug.« Und der Modedesigner Wolfgang Joop schwärmte in einem Magazin: »Meine Mutter war eine wirklich wunderschöne, coole und starke Preußin.«

Doch auch wenn wir unsere Eltern damals nicht auf einen Sockel stellten, weil es nicht viel zu verehren gab, waren sie doch unser Vorbild. Wir haben sie unbewusst und unreflektiert nachgeahmt. Der Komiker Karl Valentin hat das treffend ausgedrückt: »Sie brauchen Kinder nicht zu erziehen, sie machen einem sowieso alles nach.« Wie sehr das stimmt, zeigt sich oft später, wenn man erstaunt feststellt: Ich wollte nie so werden wie mein Vater oder meine Mutter – und jetzt verhalte ich mich genauso. Das unbewusste Vorbild wirkt nach.

In der späteren Kindheit kommen andere Vorbilder hinzu, die man dann schon selbst wählt. Es lohnt sich, darüber nachzudenken, wen man als Kind bewundert und nachgeahmt hat. Das kann Hinweise darauf geben, was sich während einer wichtigen Entwicklungszeit getan hat. Das müssen nicht unbedingt reale Personen sein. Bei mir war es Astrid Lindgrens Meisterdetektiv Kalle Blomquist. Sonntagnachmittags gab es im Kinderfunk regelmäßig eine Folge. Als ich lesen konnte, wechselte ich zu Old Shatterhand von Karl May. Wahrscheinlich haben beide Vorbilder dafür gesorgt, dass ich ein mutiges Kind wurde, nicht unbedingt zur Freude meiner Eltern, die meine aufgeschürften Knie mit Pflaster versorgen mussten.

In der Jugend will man sich von den Eltern distanzieren und sucht sich die Vorbilder innerhalb der Peergroup, den coolsten Jungen oder das selbstsicherste Mädchen aus der Clique oder der Klasse. Ebenso wählt man angesagte Stars, seien es Popsänger, Musiker, Models, Serienschauspieler, Blogger oder YouTuber. Das setzt absolutes Insiderwissen voraus. Wer über 40 ist, hat meist keine Ahnung, um wen es sich dabei handelt. Kürzlich las ich ein Interview mit einem Schüler zum Thema Vorbild. Der 18-Jährige sagte ganz selbstverständlich: »Früher war Taddl Tjarks mein Held.« Bitte wer? Ich musste den Namen erst einmal googeln und erfuhr, dass es sich um einen deutschen Rapper handelt, Mitglied der Hip-Hop-Formation »Dat Adam«, bekannt auch als Produzent von Webvideos auf YouTube. Anhand seines Idols beschrieb der Schüler deutlich, welche Funktion ein Vorbild gerade in der Jugend hat, in der man auf der intensiven Suche nach sich selbst Orientierung braucht: »Eine Zeitlang hat er mich auch sonst beeinflusst: In seinen Videos wirkte er immer sehr ruhig und hinterfragte vieles. So wurde ich auch. Es gab sogar eine Zeit, in der ich immer dachte: Was würde Taddl jetzt tun? Ich wollte so sein wie er.«

Vorbilder für Erwachsene

Als Erwachsene geht uns die leidenschaftliche Bewunderung, die Identifikation und dieser glühende Wunsch »Ich will so sein wie du« weitgehend verloren. Eigentlich ist das schade, aber andererseits auch ein Glück, denn wir würden sonst unsere Einmaligkeit verlieren. Von nun an ist es sinnvoll, Vorbilder lediglich als Inspiration oder Anleitung zu nehmen, um uns weiterzuentwickeln. Meist handelt es sich nicht mehr um ein einziges Vorbild, sondern um mehrere, die sich auf unsere unterschiedlichen Rollen verteilen. Dazu passt der Begriff des »role models«, des Rollenmodells, den der US-amerikanische Soziologe Robert King Merton in den 1950er Jahren geprägt hat.

Rollenmodelle sind auf bestimmten Gebieten ein Stück weiter als wir. Sie können uns zeigen, wie das, was wir haben oder sein möchten, funktioniert. Man sollte deshalb meinen, wir würden uns gezielt auf die Suche nach ihnen machen. Das ist keineswegs der Fall.

Oft ist es reiner Zufall, dass wir ihnen begegnen. Plötzlich erkennen wir, dass sie die Antwort auf eine Frage geben, die uns schon lange beschäftigt.

Ein Kollege, der neu im Team ist, hat den Erfolg, den wir uns immer gewünscht haben und um den wir uns bisher vergeblich bemüht haben. Wir fragen uns: Wie schafft der das? Können wir uns da vielleicht etwas abgucken? Oder wir lernen eine Frau kennen, die schon seit Jahren eine glückliche Beziehung führt, während es in unserer trotz aller Liebe ständig Streit und Frust gibt. Warum klappt das bei ihr so gut? Genaue Beobachtung ist dann das Mittel der Wahl. In der Wirtschaft nennt man das »benchmarken«. Man analysiert zielgerichtet die Aktivitäten der erfolgreichsten Unternehmen in der eigenen Branche, um selbst weiterzukommen.

Es gibt auch noch einen kürzeren Weg: Wir erkundigen uns direkt bei unserem Vorbild nach seiner Methode. Natürlich wird das nicht bei jedem Thema möglich sein. Niemand verrät das Geheimrezept von Coca Cola oder spricht über Intimitäten. Doch die meisten Menschen fühlen sich geschmeichelt, wenn man sie bewundert, oder sind schlicht hilfsbereit. Von daher ist es eine Frage der richtigen Ansprache, um aus einem Vorbild einen Berater oder eine Beraterin zu machen. Wer kann schon widerstehen, wenn er hört: »Ich bin sehr beeindruckt von Ihnen. Könnten Sie wohl eine halbe Stunde erübrigen, wo und wann immer es Ihnen passt? Ich würde gerne erfahren, wie Sie so erfolgreich geworden sind.« Oder: »Ich bewundere, wie du damit umgehst. Ich wäre dir sehr dankbar, wenn du mir einen Tipp geben könntest, wie du das so hervorragend hinbekommst.«

Doch einfach nur das Wissen unseres Gegenübers anzapfen zu wollen, funktioniert nicht. Niemand lässt sich gerne ausnutzen. Wir müssen also auch etwas bieten. Vielbeschäftigte Menschen lassen sich sonst gar nicht auf uns ein, und solche, die wir näher kennen, sind verärgert und werden uns in Zukunft gewiss nichts mehr verraten. Eine Einladung zum Essen, ein kleines, aber besonderes Geschenk oder ein Gefallen zum Ausgleich können da Abhilfe schaffen. Oder eine interessante eigene Geschichte, die diejenigen neugierig macht, von denen wir etwas wissen möchten.

Vor einiger Zeit bekam ich eine Mail von einer jungen Frau, die über ein Zeitschrifteninterview erfahren hatte, dass ich mich mit Persönlichkeitstraining auskenne. Sie wollte mich gerne treffen, um für sich Näheres über die Möglichkeiten auf diesem Gebiet zu erfahren. Dazu hatte sie ein Foto von sich und ihrem Mann auf einem Segelboot angehängt und geschrieben, dass sie sich nach einer Weltumseglung neu orientieren wollte. Das machte mich natürlich neugierig. Obwohl ich gerade beruflich sehr eingespannt war, traf ich mich mit ihr, weil mich ihre Geschichte interessierte.

Auch wenn wir durch genaue Beobachtung oder direktes Nachfragen erfahren, mit welcher Methode wir unser Ziel erreichen könnten, ist dennoch Vorsicht geboten. Eine direkte Übertragung auf unsere Situation funktioniert meistens nicht. Das liegt nun mal an der einmaligen Persönlichkeit jedes Menschen, seinem individuellen Werdegang und seiner Aufgabe. Aber wir können allgemeine Grundsätze herausfinden und diese auf uns und unsere Situation übertragen. Zum Beispiel, dass eine Beziehung gut funktioniert, wenn man den anderen mehr lobt als kritisiert und wenn man häufig Dinge gemeinsam unternimmt, die in positivem Sinne aufregend sind.

Vorbilder auf Vorrat sammeln

Manchmal können wir das, was uns an anderen Menschen vorbildhaft erscheint, nicht sofort auf unsere Situation übertragen. Aber wir können ihre Haltung und ihr Verhalten im Gedächtnis speichern, um es vielleicht später einmal abzurufen, falls es nötig ist.

Cora, 56, hat schwere Schicksalsschläge hinter sich. Ihr Mann hat sie wegen einer jüngeren Frau verlassen, ihr einziger Sohn ist bei einem Motorradunfall ums Leben gekommen und sie selbst ist an Krebs erkrankt. Diese Frau hat alles Recht der Welt, zu klagen oder sich aus dem sozialen Leben zurückzuziehen. Für viele andere wäre sicher auch das eigene Leid ein vorherrschendes Gesprächsthema. Nicht so für Cora. Sie macht zwar keinen Hehl aus ihrer Situation, aber sie jammert nicht und interessiert sich nach wie vor für ihre Mitmenschen. Eine Begegnung mit ihr ist jedes Mal eine Bereicherung. Eine Freundin sagt über sie: »Ich bewundere ihre tapfere Haltung zutiefst und habe mir vorgenommen: Sollte das Schicksal mir Herausforderungen schicken, möchte ich ihnen so begegnen wie sie.«

Vorbilder aus unserem Umfeld haben den großen Vorteil, dass wir bis ins Detail erforschen können, was sie auf dem Gebiet, das uns interessiert, so erfolgreich macht. Aber Vorbilder müssen nicht unbedingt aus der Nähe stammen, auch Prominente können diese Aufgabe erfüllen.

Promis haben den Vorteil, dass ihre Biografie für jeden offen zugänglich ist. So erfährt man, dass sie nicht von Anfang an perfekt waren und einiges einstecken mussten. Dass gerade die erfolgreichsten unter ihnen auch scheiterten oder Schicksalsschläge erlebt haben, macht sie für uns zu Hoffnungsträgern: Wenn die das geschafft haben, dann packen wir es ja vielleicht auch. So können sich zum Beispiel Romanautoren oder -autorinnen, die für ihren mit Herzblut geschriebenen Erstling bei den Verlagen bisher nur Absagen kassiert haben, am Vorbild von Stephen King und Joanne Rowling aufrichten, deren Manuskripte zu Beginn auch mehrfach abgelehnt wurden.

Auch in der fiktiven Welt können wir Vorbilder entdecken. Hier bieten sich Filme an, vor allem sogenannte Biopics, verfilmte Biografien oder wahre Begebenheiten. So wie die im Film »Hotel Ruanda« beschriebene Geschichte von Paul Rusesabagina, der mit großer Zivilcourage während des Völkermordes in Ruanda in seinem Hotel Flüchtlingen Schutz gewährte. Oder der mutige Kampf der alleinerziehenden Mutter Erin Brokovich im gleichnamigen Film gegen die gesundheitsgefährdenden Aktivitäten eines Konzerns. Ebenso können auch Protagonisten in Büchern Vorbild sein. Einzelgänger orientieren sich vielleicht an Hermann Hesses »Steppenwolf« und manche erwachsene Frau hält es mit Astrid Lindgrens eigenwilliger Pippi Langstrumpf, die sich die Welt so formt, wie sie ihr gefällt.

Vorbilder als geistiger Coach

Es gibt noch eine besondere Form, Vorbilder zu nutzen, nämlich in unserer Fantasie. Wenn wir ein schwieriges Problem lösen müssen oder in einer Krise stecken, wünschen wir uns Unterstützung. Hier kann die Kombination von Vorbild und Vorstellungskraft helfen: Wir holen uns im Geiste ein Vorbild als persönlichen Coach ins Haus. Das mutet sicher zunächst etwas merkwürdig an, man denkt dabei an die Krafttiere der Indianer oder die Geister der Schamanen. Doch tatsächlich ist uns die Methode, mit Unsichtbaren zu sprechen, gar nicht fremd. Im Alltag führen wir häufig stumme Dialoge mit Personen, die nicht leibhaftig bei uns sind. Sei es mit einer Freundin, die man gerade nicht auf ihrem Handy erreichen kann, oder mit einem unverschämten Autofahrer, dem man gerne noch so einiges an den Kopf geworfen hätte. Also warum sollten wir es nicht auch mal mit unseren Vorbildern versuchen und sie dafür gewinnen, uns im Geiste zu beraten und unterstützen? Schließlich gibt es für jeden möglichen Bereich lebende oder bereits verstorbene Menschen, an denen wir uns etwa in puncto Haltung, Werte, Kreativität, Durchsetzungsvermögen oder Stilgefühl orientieren können. Vor einiger Zeit erschien ein Ratgeber mit dem Titel »Was hätte Jackie getan?«, der die Leserin anregen sollte, sich in allen Lebenslagen mental auf Jaqueline Kennedys souveränes Auftreten einzustimmen.

So finden wir die passende Person: Zunächst klären wir, was wir überhaupt brauchen. Was soll das Vorbild für uns leisten? Vielleicht wünschen wir uns, dass es uns ermutigt, Know-how vermittelt, zum Durchhalten bewegt, uns versichert, dass wir es schaffen werden. Oder dass es uns konstruktiv kritisiert, praktische Tipps gibt, eine andere Sichtweise zeigt. Am besten wählen wir ein oder zwei Eigenschaften aus.

Dann überlegen wir, wer uns das wohl geben könnte. Da es sich um eine geistige Verbindung handelt, spielen weder Zeit noch Realität eine Rolle.

Haben wir unser Vorbild gefunden, beginnt das Treffen. Dazu suchen wir uns einen Platz, an dem wir ungestört sind. Wir setzen uns bequem hin, schließen die Augen und rufen innerlich unser Vorbild herbei. Sobald wir es vor uns sehen, teilen wir ihm mit, was wir von ihm wünschen. Und dann warten wir ab, was wir hören. Es ist erstaunlich, wie gut das funktioniert. Manchmal ist es, als ob sich die Person tatsächlich im Zimmer befände. Wir erhalten neue Impulse, unerwartete Gedanken, liebevolle Rückendeckung und manchmal auch direkte Kritik samt Vorschlägen, wie wir etwas besser machen können.

Nina, 43, eine Drehbuchautorin, die gerne mit dieser Methode arbeitet, erhielt den Auftrag, einen TV-Spielfilm zu entwickeln. Dazu musste sie ein Treatment, eine ausführliche Ideenskizze, vorlegen. Sie war unsicher, ob ihr ein guter Plot gelungen war. Also traf sie sich in ihrem Arbeitszimmer mit ihrem geistigen Coach, dem Filmregisseur Steven Spielberg. Der strich sich über den Bart und sagte dann gnadenlos: »Was du da zusammengeschrieben hast, ist tödlich langweilig.«

»Was soll ich denn machen?«, jammerte sie.

»Führe eine richtig böse Figur ein«, riet er ihr. »Mach deiner Heldin das Leben schwer. Und lass die Story nicht in Deutschland spielen, sondern in einem exotischen Land.«

Die Drehbuchautorin bedankte sich und setzte die Tipps vom Profi um.

Das funktioniert nicht nur im stillen Kämmerchen, sondern auch unterwegs. Angenommen, wir haben eine schwierige Verhandlung oder Präsentation vor uns, für die wir viel Selbstvertrauen und Standfestigkeit brauchen, dann überlegen wir: Wer ist im Blick auf dieses Verhalten für uns ein Vorbild? Diese Person bitten wir in Gedanken um ihre Begleitung. Wir stellen uns vor, sie ginge mit uns in die Höhle des Löwen und flüsterte uns zu, wie wir sprechen und welche Körperhaltung wir einnehmen sollen.

Malina, 26, arbeitet in einer Werbeagentur. Im Herbst steht für sie das übliche Jahresgespräch an. Da sie in den vergangenen Monaten viele Extraarbeiten übernommen hat, will sie das Treffen mit ihrem Vorgesetzten nutzen, um eine Gehaltserhöhung zu fordern. Allerdings fürchtet sie, dass er ihren Wunsch mit trickreichen Finten ablehnen wird. Ein Training vorab, nach dem Motto: »Wenn er dies sagt, dann sage ich das …«, hilft ihr nicht. Schließlich überzeugt sie die Idee mit dem Vorbild-Coach. Sie wählt eine Unternehmensberaterin, die sie in einem Vortrag zum Thema »Weibliche Führung« kennengelernt hat, eine taffe Frau, die sich von niemandem einschüchtern lässt und die seinerzeit ihre Zuhörerinnen aufforderte, ihre Rechte zu wahren.

Zum Termin erscheint Malina mit ihrem unsichtbaren Vorbild an der Seite – und es funktioniert! Ihr Vorgesetzter muss sich im Nachhinein gewundert haben, wie bestimmt seine sonst so harmoniebedürftige Mitarbeiterin plötzlich auftrat. Zwar bekommt sie nicht ihr Traumgehalt, aber wesentlich mehr, als sie erwartet hat. »Ich habe mir die ganze Zeit vorgestellt, Frau X zischt mir zu: Lass dich nicht unterbuttern, wiederhole einfach, was du willst.«

Psychologisch ist diese erstaunliche Wirkung leicht zu erklären: Fantasie erweitert unser Bewusstsein. Sie schließt die Schatzkammer unseres gespeicherten Wissens auf und aktiviert unsere Stärken. Was dabei herauskommt, schreiben wir dann unserem imaginären Vorbild zu. Für Menschen mit einer guten Vorstellungskraft lohnt sich ein Versuch allemal.

Selbst zum Vorbild werden

Je mehr man sich mit Vorbildern beschäftigt, desto mehr erkennt man, welchen tiefen Sinn sie haben. Ein alter Zen-Spruch sagt: »Wenn der Schüler bereit ist, kommt der Meister.« Vorbilder rufen etwas in uns wach, das oft nur darauf gewartet hat, angeregt zu werden. Wir sehen in ihnen eine bessere Version unserer selbst. Manchmal suchen wir uns unsere Vorbilder bewusst, manchmal tauchen sie wie zufällig auf. Aber immer spüren wir: Sie haben etwas, das uns fehlt – und sie können uns zeigen, wie wir es bekommen. Doch Vorbilder sind keine Einbahnstraße. Mit steigender Lebenserfahrung kommt die Zeit, in der wir weniger Vorbilder nachahmen, sondern selbst Einfluss auf andere haben. Dann gilt die Aufforderung des schönen Coaching-Spruchs: Be the person you needed when you were younger – sei die Person, die du gebraucht hättest, als du jünger warst. Dabei geht nicht darum, sich als Vorbild aufzuplustern, nach dem Motto: Schaut mich an, ich weiß, wie man es macht. Vielmehr sollten wir all das, was uns andere durch ihre Vorbildlichkeit gelehrt haben, nun mit unserer Persönlichkeit repräsentieren. Das ist sicher der schönste Dank, den wir ihnen erweisen können.

Fürchte dich nicht vor dem Älterwerden

»Alter ist nichts für Feiglinge« – dieser Satz von Mae West, Hollywood-Ikone der 1930er Jahre, wird gerne zitiert. Zuletzt nutzte ihn der 1921 geborene Joachim Fuchsberger als Titel für ein autobiografisches Buch über das Altwerden. Das mag die persönliche Erfahrung dieser Menschen sein, aber mich ärgert dieser Spruch. Er suggeriert, dass auf uns ein gefährlicher Zustand wartet, dem man nur mit äußerstem Mut begegnen kann. Warum sagt denn keiner: »Pubertät ist nichts für Feiglinge«? Oder: »Das erste Babyjahr ist nichts für Feiglinge«? Diese Phasen fand ich jedenfalls wesentlich herausfordernder als die Zeit nach 50.

Offenbar verbinden wir Alter immer noch mit dem Gefühl früherer Generationen. Ob das der Fall ist, lässt sich schnell überprüfen: Stellen wir uns eine Frau oder einen Mann über 80 vor. Vermutlich sehen wir eine auf ihren Rollator gestützte Gestalt oder einen tatterigen Greis im Pflegeheim. Dabei wird übersehen, dass wir heute dank der Erkenntnisse aus Medizin, Ernährungswissenschaften, Psychologie, Kosmetik und Technik weitaus weniger dramatisch altern als noch unsere Eltern und Großeltern.

Die US-amerikanische Psychologin und Sozialwissenschaftlerin Betty Friedan hat sich intensiv und kritisch mit allen Aspekten des Alters beschäftigt. In ihrem Klassiker »Mythos Alter« zieht sie das Resümee, dass alte Menschen über ein hohes Niveau an geistiger, physischer und sozialer Kompetenz verfügen und dass diese Fähigkeiten nicht etwa nur für eine kleine elitäre Gruppe gelten. Schon in ihrer Umgebung fand sie unter Freunden und Nachbarn Menschen, die vital zu altern schienen und nicht der generellen Vorstellung von Verfall und Siechtum entsprachen. Sie begegnete auch anderweitig Frauen und Männern, die der Realität des Älterwerdens mit neuen Verhaltensweisen begegneten.

Betty Friedans Wahrnehmung wird durch die aktuelle Forschung bestätigt. So stellte der *Spiegel* eine Studie vor, die mit den Klischees über Deutschlands Hochbetagte aufräumt. Die verdämmern nämlich keineswegs alle ihren Lebensabend vor dem Fernseher in Pflegeheimen. Dank moderner Medizin und gesünderer Lebensweise sind viele aus der Generation 80 plus so fit, dass sie noch zu Hause wohnen und aktiv am gesellschaftlichen Leben teilnehmen.

Mentale Antiaging-Strategien

Das Alter nicht mehr mit Angst und Schrecken zu betrachten, heißt nicht, die rosarote Brille aufzusetzen und so zu tun, als würde sich nichts weiter ändern, außer dass sich vielleicht ein paar Falten einstellen. Es gibt Fakten, die wirklich nicht prickelnd sind. Das physische Altern beginnt schon früh. Auf dem Zenit unserer Leistungsfähigkeit befinden wir uns mit etwa 25 Jahren, danach bauen wir ab. Die Arbeitsfähigkeit der Organe lässt nach, das Aufnahmevolumen unserer Lunge vermindert sich. Das Gehirn verliert im Laufe der Jahre zehn Prozent an Gewicht. Muskelgewebe schwindet, dafür nimmt die Fettschicht zu. Unsere Knochen werden spröder und die Gelenkknorpel verschleißen. Die Linse unserer Augen verhärtet sich, so dass irgendwann eine Lesebrille fällig wird. Falten vertiefen sich und Altersflecken sprenkeln die Haut. Das alles ist nicht schön. Aber hier ist die gute Nachricht: Zwar lassen sich Abnutzungserscheinungen nicht vermeiden, doch wir können sie durch einen gesunden Lebensstil verlangsamen und manchen sogar entgehen.

Kürzlich sah ich im Fernsehen eine Reportage zum Thema Alter. Da wurde auch ein 75-Jähriger vorgestellt, der seit dem Tod seiner Frau allein lebt. Er sah zwar nicht jung aus – warum auch? –, aber er war topfit. Sein Arzt bescheinigte ihm beim jährlichen Check, dass er organisch erst 55 ist. Kein Wunder, denn das Fitnessstudio war sein zweites Zuhause, man sah, wie er beim Spinning locker mithielt. Weil er gerne tanzte, ging er regelmäßig in die Disco. Dass die anderen Gäste dort seine Enkel sein konnten, störte weder ihn noch die hübschen jungen Mädchen, mit denen er abtanzte.

Ohne dass ich die Beeinträchtigungen durch das Alter kleinreden will: Wie sie ausfallen, hängt auch davon ab, wie intensiv wir ihnen entgegenwirken. Bertil Merklund, Professor für Allgemeinmedizin, ist der Ansicht, dass man keine komplizierten Verjüngungskuren braucht, um im Alter gesund und fit zu sein. Seiner Ansicht nach genügen einfache, aber wirkungsvolle Maßnahmen: Sich viel bewegen, genügend schlafen, mit Maßen sonnenbaden, sich Zeit für Regeneration nehmen, gesund essen, ausreichend trinken und das Gewicht im Auge behalten.

Im Übrigen sollten wir nicht jede kleine Schwäche aufs Älterwerden schieben. Uns fällt partout nicht der Name der Frau ein, die gerade so freundlich gegrüßt hat. Beim Treppensteigen schnappen wir nach Luft. Bei der Radtour tun uns die Knie weh. Beim Einkaufen haben wir die Petersilie vergessen. Klarer Fall: Das sind Alterserscheinungen. Wirklich? Wahrscheinlich waren wir auch mit dreißig keine Sportskanone und haben gelegentlich etwas Wichtiges vergessen. Tatsächlich gibt es nur wenig echte Altersanzeichen. Das meiste hängt mit Bequemlichkeit, mangelnder Übung oder Stress zusammen. Also sollten wir uns auch nicht künstlich alt denken und reden. Im Gegenteil, unsere mentale Einstellung zum Alter spielt eine große Rolle dabei, wie wir es schließlich erleben.

In Langzeituntersuchungen hat man festgestellt, dass Menschen mit einem positiven Bild vom Alter im Durchschnitt sieben Jahre länger leben als solche, die sich ein Alter mit Schrecken ausmalen. Grund genug, sich schon jetzt einmal darüber Gedanken zu machen, wie wir uns im Alter sehen. Zufrieden im Kreise unserer Lieben? Noch aktiv im Beruf oder Ehrenamt? Kränklich im Pflegeheim? Einsam in unserer Wohnung? Mit dem Rucksack auf Abenteuerreise? Was immer vor unseren geistigen Augen auftaucht, wird unsere Zukunft beeinflussen. Als eine sich selbst erfüllende Prophezeiung prägt es unser Denken und Handeln. Deshalb lohnt es sich unbedingt, eine positive Vision vom Älterwerden zu pflegen.

Vivian, eine 49-jährige Journalistin, freut sich schon auf die Zeit: »Jetzt muss ich mich noch anpassen. Ich kann nicht so reden, wie ich will, und muss mich für den Job anziehen. Aber wenn ich 75 bin, dann werde ich eine flotte Alte. Dann trage ich knallige Farben und setze wilde Hüte auf. Und es ist mir egal, was die Leute sagen. It´s my life!«

Ralph, 51, ist eher besorgt: »Ich bin freier Architekt. Momentan habe ich gut zu tun. Eigentlich möchte ich arbeiten, so lange ich kann. Aber ich fürchte, dass ich mit 70 oder 80 keine Aufträge mehr bekomme, weil man so einem alten Sack nichts mehr zutraut.«

Falls wir ein negatives Bild verinnerlicht haben, sollten wir es in ein positives verwandeln, indem wir uns die Vorzüge des Alters vor Augen halten: Wir haben Lebenserfahrung und sind deshalb nicht mehr so leicht aus der Fassung zu bringen. Wir wissen, worauf es wirklich ankommt und wie man Probleme am geschicktesten löst – schließlich haben wir das lange genug geübt. Äußerlichkeiten spielen keine so große Rolle mehr, ob da eine Falte mehr oder weniger auftaucht, ist egal. Wir müssen niemandem mehr etwas beweisen und keine Wettbewerbe mehr gewinnen. Wenn wir Enkelkinder haben, können wir es genießen, sind aber nicht mehr rund um die Uhr für die Kids verantwortlich.

Enthält unser negatives Bild vom Alter jedoch berechtigte Elemente, wie etwa die Angst vor Altersarmut oder eine genetische Veranlagung zu späteren Beschwerden, dann sollten wir daraus ein Vorsorgeprogramm machen, indem wir uns fragen: Was kann ich schon heute tun, damit meine Befürchtungen nicht eintreten?

Jung bleiben ist bis ins hohe Alter möglich

Wohl die meisten von uns kennen eine Frau oder einen Mann, die älter sind, aber jung wirken, selbst mit Falten und grauen Haaren. Sie sind bei allen Generationen beliebt, haben ihren Spaß, flirten noch immer mit Erfolg. Grund genug, um sich zu fragen: Wie machen die das? Das Geheimnis ist entschlüsselt: Sie denken und fühlen jung. Das heißt nicht, sich betont jugendlich zu geben. Es ist eine Grundhaltung, die viel mit Aufgeschlossenheit, Optimismus und Lebendigkeit zu tun hat. Trotz einer großen Anzahl von Jahren können wir innerlich jung bleiben und attraktiv wirken – und zwar unabhängig davon, ob wir körperlich beeinträchtigt sind oder genauso alt aussehen, wie wir sind. Es gibt nämlich Verhaltensmuster, mit denen das gelingt.

»Generativ« nennt man die Fähigkeit, sich mit nachkommenden Generationen zu verbinden. Generative Menschen werden von Kindern, Jugendlichen und jüngeren Erwachsenen gleichermaßen gesucht, weil man ihre Erfahrung schätzt.

Meine Mutter war so ein Mensch, der bis ins hohe Alter problemlos Kontakte knüpfte. Ich erinnere mich in dem Zusammenhang noch an zwei typische Episoden: Einmal besuchte sie uns in Hamburg. Als wir sie vom Zug abholten, winkten ihr fremde Menschen aus dem Abteil zum Abschied. Sie hatte außerdem Adressen von netten Mitreisenden in ihrem Notizbüchlein, mit denen sie später korrespondierte. Ein andermal kam unser damals vierjähriger Sohn Felix von einem Spaziergang mit seiner Großmutter zurück und sagte empört: »Also mit Omi gehe ich nicht mehr – die redet immer mit Menschen, die sie nicht kennt.«

Wie viele Kontakte wir im Alter haben, hängt auch damit zusammen, wie interessant wir für andere Menschen sind. Je aufgeschlossener wir sind, desto anziehender wirken wir. Gefahr ist im Verzug, wenn man nur noch um sich selbst kreist und über Krankheiten oder die Vergangenheit spricht.

Niemand ist gerne mit einem Menschen zusammen, der immer die gleichen alten Geschichten erzählt oder ständig die Vergangenheit zitiert: Früher war das Fernsehprogramm anspruchsvoller, die Kinder besser erzogen, die Zeitungen informativer, die Jugend politisch interessierter, die Ärzte engagierter. Oder: Die Kindheit war kein Zuckerschlecken, die Eltern haben einen in einen ungeliebten Beruf gedrängt, die Scheidung damals war ein Fehler.

Mag ja sein, aber vorbei ist vorbei. Die Vergangenheit, ob schaurig oder schön, lässt sich nicht mehr ändern. Also sollte man sie loslassen und die Aufmerksamkeit auf die Gegenwart richten.

Lebenserfahrung führt auch leicht dazu, dass unser Denken in Schubladen stecken bleibt. In die packen wir dann automatisch hinein, was uns begegnet. Etwa: Bankern kann man nicht trauen, Dicken fehlt es an Disziplin, wer allein in einem Lokal sitzt, sucht Anschluss. Statt schon bei den ersten scheinbar vertrauten Signalen die Schublade aufzuziehen, sollten wir besser genau hinschauen: Übertrage ich gerade eine alte Geschichte? Gibt es wirklich nur diese eine Art, die Dinge zu sehen? Könnte ich die Situation auch anders interpretieren? Ein kleiner Check hilft gegen Vorurteile und hält den Blick frisch.

Geistige Schätze sammeln und aus der Rolle fallen

Die Schriftstellerin Margot Benary-Isbert erzählt, wie sie als junges Mädchen in Frankreich einem alten Herrn vorgelesen hat. Trotz seiner äußeren Isolation – seine Frau und seine Freunde waren verstorben, er selbst fast erblindet – führte er ein erfülltes und glückliches Leben. Seiner jungen Vorleserin verriet er sein Geheimnis und gab ihr damit schon in ihren jungen Jahren einen guten Rat: Meublez votre tête – Möblieren Sie Ihren Kopf. Damit meinte er, dass man sich möglichst vielfältige Eindrücke verschaffen soll, von denen man zehren kann. Der Kopf lässt sich wunderbar möblieren mit Gedichten, Büchern, Theaterstücken, bedeutenden Filmen, Werken der bildenden Kunst, Reisen, intensiven Gesprächen.

Das setzt allerdings voraus, dass wir Interessen entwickeln. Nur vor dem Fernseher zu hocken, bringt nicht weiter. Wir sollten Anregungen suchen. Dazu müssen wir hier und da unsere innere Wellnessberaterin – das ist die elegantere Bezeichnung für den inneren Schweinehund – in die Schranken weisen und uns aus dem Haus begeben, etwa für eine Fahrt zu einer Ausstellung in eine andere Stadt. Möglichweise müssen wir über unseren Schatten springen und uns etwas trauen. Eigentlich möchten wir einen Malkurs mitmachen, aber vielleicht reicht unser Talent ja nicht aus? Wir würden gerne allein in Urlaub fahren, doch was ist, wenn wir uns dann einsam fühlen? Hier hilft folgende Frage: Wozu habe ich Lust, spüre aber gleichzeitig auch ein bisschen Angst oder Unsicherheit? Nach dem Motto »Nimm deine Angst wahr und tu es trotzdem« sollten wir dann genau das wagen.

Ob wir nun jünger sind oder schon älter, wir können sofort damit beginnen, uns interessante Erlebnisse zu verschaffen. Sie können das geistige Material für die Stunden sein, in denen wir niemand um uns haben.

Wir müssen uns auch keineswegs so verhalten, wie man es von reifen Herrschaften erwartet, wir dürfen auch andere Facetten zeigen. Schließlich sind wir alt genug! Nicht immer nett sein, sondern auch mal zickig reagieren. Sich zurücklehnen und sagen: »Macht euren Kram allein.« Die ältere Dame verabschiedet sich fröhlich in den Tangokurs, anstatt Babysitter für die Enkel zu spielen, der ältere Herr kündigt sein Klassik-Abo und nimmt an einem Rockfestival teil.

Wie man außerdem auch noch optisch äußerst originell aus der Rolle fällt, zeigt die US-Amerikanerin Iris Apfel, die mit über 90 Jahren noch als Modedesignerin und Moderatorin vollbeschäftigt eingestiegen ist. In einem Interview mit der deutschen *Vogue* sagt sie: »Es gibt heute kaum noch Leute mit unverwechselbarem Stil. Alle kaufen sich Zeug, das sie in Magazinen sehen. Warum soll ich Tausende Dollars ausgeben, um so auszusehen wie alle anderen?« Das tut sie wahrhaftig nicht. Sie trägt die verrücktesten Outfits mit pfundweise Ethno-Schmuck. Ihr Markenzeichen ist eine riesige runde schwarze Brille. Apfels Appartement spiegelt seine Besitzerin wider: Hinter dem Esstisch steht ein hölzener Vogel Strauß, in dessen Bauch sich Whiskey und Cognac befinden. Die Bar hat sie selbst entworfen, weil ihr alle anderen zu langweilig aussahen. An der Wand hängt ein Ölgemälde, das zunächst wie ein Meisterwerk der italienischen Renaissance wirkt – und auf den zweiten Blick den Frosch Kermit und Miss Piggy zeigt. Für junge Leute ist Iris Apfel eine Ikone. Jugendliche Fans haben ihr eine Facebookseite eingerichtet, die schon über zweihunderttausend Follower hat.

Iris Apfel bietet eine gute Anregung für alle, die meinen, im höheren Alter müsste man gediegen auftreten, sonst würde man sich lächerlich machen. Das gilt nicht nur für Frauen – obwohl die natürlich mehr Spielraum haben –, sondern auch für Männer. Bei ihnen ist der Modemut meist noch viel kleiner. Als kürzlich ein Verkäufer in einer Stuttgarter Herrenboutique gefragt wurde, welche Art Kleidung seine ältere Kundschaft bevorzugt, sagte er: »Warm, praktisch, gedeckt und uni.«

Es muss ja nicht gleich ein Paradiesvogel-Look sein, aber origineller, individueller und bunter als ein beiger Anorak oder ein dunkelblaues Kostüm darf es durchaus sein. Dann hat man beim Blick in den Spiegel nicht nur selbst mehr Spaß, sondern wird auch nicht übersehen.

Die Zeit ausdehnen und ihren Wert erkennen

Für ältere Menschen scheint die Zeit schneller zu vergehen als für jüngere. Das ist natürlich nicht real, denn zwölf Monate sind zwölf Monate. Aber subjektiv empfinden wir es so. Die Erklärung für dieses Phänomen klingt zunächst paradox: Wenn man wenig erlebt, fühlt es sich im Nachhinein so an, als sei die Zeit besonders rasch vergangen. Erlebt man dagegen vieles, dann entsteht der Eindruck, dass sich die Zeit dehne. Das liegt an der Struktur unseres Gedächtnisses: Wenn man wenig Neues oder Aufregendes erlebt, bleiben auch weniger Erinnerungen. Deshalb erscheint die Zeitspanne im Rückblick kurz.

Daraus können wir folgenden Schluss ziehen: Routine heißt der Feind, der uns die Zeit verknappt. Jeden Morgen das gleiche Frühstück, dann ins Büro oder zum Ehrenamt, am Abend auf dem Sofa entspannen, gelegentlich ein Besuch beim Lieblingsitaliener um die Ecke, das Theaterabo jedes Jahr erneuern, der immer gleiche Urlaubsort – das lässt die Zeit schrumpfen. Natürlich müssen wir nicht ständig das Rad neu erfinden, aber es besteht die Gefahr, dass wir immer nur auf Bewährtes zurückgreifen. Je älter Menschen werden, desto weniger offen sind sie tendenziell für Neues, das ist aus der Entwicklungspsychologie bekannt. Doch je mehr emotional Bewegendes man erlebt, desto mehr prägt es sich im Gedächtnis ein – und desto länger wirkt ein Zeitraum im Nachhinein.

Das bedeutet: Jeder von uns kann die gefühlte Zeit abbremsen, wenn er wieder mehr Premieren erlebt. In dieser Hinsicht können sich ältere Menschen einiges von jungen abschauen: Zu einem ungewohnten Vorschlag »Warum eigentlich nicht?« sagen, nach dem Motto Yolo – *you only live once*. Um richtig in Schwung zu kommen, gilt die Faustregel: Mindestens einmal pro Woche etwas Neues ausprobieren.

Knackig, dynamisch, voll belastbar – der Wert eines Menschen wird häufig daran gemessen, wie gut er diese Kriterien erfüllt. Dieser einseitigen Sicht sollten wir uns verweigern und stattdessen eigene Wertmaßstäbe setzen. Auch wenn wir eine Lesebrille brauchen oder vor dem neuen Computerprogramm kapitulieren – wir haben eine Menge zu bieten. Beispiel und Vorbild dafür sind berühmte betagte Menschen, die erst im Alter zur Höchstform aufliefen. Beeindruckt hat mich, was der japanische Künstler Hokusai, Schöpfer des berühmten farbigen Holzschnitts »Die Welle«, an seinem fünfundsiebzigsten Geburtstag gesagt haben soll: »Seit meinem sechsten Lebensjahr begeistere ich mich dafür, die Gestalt der Dinge abzubilden, doch nichts von dem, was ich zeichnete, bis ich 70 wurde, war der Beachtung wert. Mit 73 gelang es mir mehr und mehr, das Wachstum der Pflanzen und Bäume, die Gestalt der Vögel, Tiere, Insekten und Fische zu begreifen. Ich bin voller Hoffnung, weitere Fortschritte zu machen, bis ich 80 werde, und mit 90 schließlich in das Herz der Dinge einzudringen, auf dass ich mit 100 in meiner Kunst einen göttlichen Zustand erreicht haben möge. Mit 110 wird jeder Punkt und jeder Strich, den ich zeichne, zum Leben erwachen.«

Hokusai starb mit 89 Jahren, seine Kunst aber ist bis heute lebendig. Und auch seine Einstellung ist ausgesprochen aktuell. Denn: Alter muss heute ganz neu gedacht werden. Vieles, was man lange Zeit als unverrückbare Tatsache betrachtet hat, ist durch neue Erkenntnisse der Wissenschaft überholt: Die Hirnforschung hat ergeben, dass das Gehirn bis ins hohe Alter formbar bleibt. Wir sind also weiterhin lernfähig. Experimente haben zwar gezeigt, dass das Kurzzeitgedächtnis und die Schnelligkeit der Auffassung mit der Zeit etwas nachlassen, diese Einschränkungen werden jedoch durch die Erfahrung kompensiert. So schnitten über Sechzigjährige, die nach ihrer Pensionierung an einer Universität studierten, keineswegs schlechter ab als ihre jüngeren Kommilitonen. Der Begriff »Lebenslanges Lernen« macht also durchaus Sinn.

Außerdem belegt die Forschung zur Wirkung von Psychotherapie, dass ältere Menschen durchaus in der Lage sind, ihr Verhalten zu ändern. Ferner hat man herausgefunden, dass die Stärke des Alters vor allem in der emotionalen Intelligenz liegt. Ältere Menschen sind auf Grund ihrer Lebenserfahrung besonders gut in der Lage, sich in andere hineinzuversetzen und zu vermitteln.

Mit Weisheit gewinnen

Der weise alte Mann und die weise alte Frau gehören zu den Archetypen menschlichen Bewusstseins. Wir finden sie in den Mythen der

Völker ebenso wie in Science-Fiction-Filmen – man denke nur an die Figur des Yoda in »Star Wars«. Mit dem Begriff der Altersweisheit beschäftigt sich seit einiger Zeit auch die Psychologie. Die Altersforscherin Ursula Staudinger und ihr Kollege Paul Baltes vom Berliner Max-Planck-Institut definieren Weisheit beispielsweise als »höchstes Wissen und höchste Urteilsfähigkeit in der fundamentalen Pragmatik des Lebens«. Für sie ist Weisheit kein vager Begriff, sondern lässt sich klar in fünf verschiedene Bereiche zerlegen: Faktenwissen, Strategiewissen, Menschenkenntnis, Toleranz und den Umgang mit Ungewissheit. Die Untersuchungen von Staudinger und Baltes ergaben, dass Weisheit in diesem Sinne mit zunehmendem Alter steigt.

Sicherlich geschieht das nicht automatisch. Schließlich ist nicht jeder alte Mensch, dem wir begegnen, auch automatisch weise. Doch wer sich mit den Dingen des Lebens beschäftigt und sich mit sich selbst auseinandersetzt, hat einen gute Chance, es zu werden.

Alle diese wunderbaren Vorteile des Alters sollten wir uns vor Augen führen und sie als Schild gegen den Jugendwahn hochhalten. Henry Ford hat gesagt: »Nimm die Erfahrung und die Urteilskraft der Menschen über 50 aus der Welt, und es wird nicht genug übrig bleiben, um ihren Bestand zu sichern.« Wenn wir uns als Ältere selbst achten, entsteht eine magische Wechselwirkung: Unsere Umgebung sieht uns so, wie wir uns selbst sehen, und behandelt uns entsprechend unserer eigenen Wertschätzung.

Vom Beruf zur Berufung

Eine chinesische Weisheit lautet: Wenn du eine Stunde lang glücklich sein willst, schlafe. Wenn du einen Tag lang glücklich sein willst, geh fischen. Wenn du ein Jahr lang glücklich sein willst, besitze ein Vermögen. Wenn du ein Leben lang glücklich sein willst, liebe deine Arbeit.

Liebe deine Arbeit – das ist leicht gesagt. Die meisten von uns sind keineswegs rasend in ihren Job verliebt. Die Skala reicht eher von »ich bin ganz zufrieden« über »ab und zu macht das schon Spaß, aber oft auch nicht« bis zu »ich habe innerlich gekündigt«. Kein Wunder, denn viele von uns arbeiten nicht aus purer Leidenschaft, sondern um ihre Brötchen zu verdienen. Es gibt viele gute Gründe, trotzdem weiterzumachen, auch wenn es kein besonderes Vergnügen ist: Wir ernähren damit die Familie. Die Wohnung oder das Haus müssen abbezahlt werden. Wir sind zu alt für einen Wechsel. Oder wir haben immerhin gute Aufstiegsmöglichkeiten. Demnächst werden wir befördert. Die Arbeit ist zwar öde, aber das Betriebsklima ist prima. Wir sind erfolgreich mit dem, was wir tun.

Jedenfalls können oder wollen wir uns einen Egotrip nach dem Motto »Lebe deinen Traum« nicht leisten. Und oft genug haben wir auch gar keinen Traum, außer dem, im Lotto zu gewinnen und nie wieder arbeiten zu müssen.

Die Gründe, aus denen wir täglich mäßig geliebte Aufgaben verrichten, sind verständlich, aber ein weiterer Aspekt ist ebenfalls wichtig:

Wie geht es unserer Seele dabei? Ob wir es wollen oder nicht, der chinesische Spruch enthält nämlich eine Wahrheit: Nur eine Arbeit, die wir lieben, kann uns wirklich glücklich machen. Deshalb lohnt sich ein Blick darauf, was – abgesehen von angenehmen Rahmenbedingungen – gegeben sein muss, damit wir an unserer Tätigkeit Freude haben.

Jeder von uns besitzt angeborene Stärken, Begabungen oder Talente. Wenn wir uns Aufgaben widmen, die unserem Naturell entsprechen, sind wir mit Interesse dabei. Niemand muss uns zwingen, uns auf unserem Gebiet fortzubilden, uns über neueste Erkenntnisse zu informieren oder zu üben. Das machen wir freiwillig und gerne.

Dagegen tun wir uns auf Gebieten, die uns nicht liegen, schwer. Es macht uns einfach keinen Spaß und wir sind darin auch nicht besonders gut. Der Unterschied zeigt sich schon in kleinen Dingen: Wenn mein Mann, von Beruf Mathematiker, mir ein neues Computerprogramm erklären will, rauft er sich die Haare bezüglich meiner Auffassungsgabe. Dafür habe ich kein Problem, Texte zu formulieren, während er ewig an einem Protokoll feilt.

Ein weit verbreitetes Missverständnis beruht darauf, dass uns durch die Medien nur die herausragenden Talente im Sport und in der Kunst gezeigt werden. Singen wie Anna Netrebko, Tennis spielen wie Roger Federer, die Computerindustrie revolutionieren wie Steve Jobs – so etwa in der Größenordnung. Deshalb glauben wir, wir hätten selbst keine besondere Begabung. Welches überragende Talent hat denn schon eine ganz normale Steuerberaterin oder ein Ingenieur? Der US-amerikanische Psychoanalytiker James Hillman, Autor des Buches »Charakter und Bestimmung«, weist Unterschiede zwischen Berühmtheiten und Normalsterblichen entschieden zurück. Für ihn gehören außergewöhnliche Menschen nicht einer anderen Liga an, bei ihnen erkennt man nur leichter, welche Stärke sie haben. Während wir uns meist erst einmal die Frage stellen müssen: Was ist denn als besondere Anlage in mir vorhanden?

Hinweise auf unser Talent

Es ist ganz einfach: Wo unser Talent liegt, zeigt sich schon in der Kindheit – an dem, was wir damals freiwillig oft und gerne getan haben. Vielleicht haben wir stundenlang Legoteile zusammengebaut oder unsere Puppen immer wieder neu angezogen. Oder wir waren mit Vorliebe draußen und sind auf die höchsten Bäume geklettert. Wir haben auf einem Kochtopf Schlagzeug gespielt oder fasziniert Muscheln gesammelt. Was sich so harmlos als Kinderspiel zeigt, ist ein erstes Erscheinen unserer persönlichen Fähigkeiten. James Hillman wertet das als frühes Anzeichen, so wie in einer Eichel schon der spätere Baum angelegt ist. Für ihn sind unsere kindlichen Neigungen ein Wegweiser zu der Aufgabe, die wir in diesem Leben am besten erfüllen können.

Manche Menschen wissen tatsächlich schon von Kindheit an, was sie einmal werden wollen, und ziehen das mit aller Leidenschaft durch. Wie Florian, 36, der sich als Junge aufopfernd um seinen Goldhamster, die Fische im Aquarium und sämtliche Katzen der Nachbarschaft gekümmert hat und heute als Tierarzt eine Praxis führt.

Leider passiert es aber auch häufig, dass wir durch Einflüsse von außen oder Sachzwänge das Bewusstsein für unsere individuellen Fähigkeiten verlieren. Im Coaching habe ich häufig gehört, dass Klienten auf Wunsch der Eltern in einen »sicheren« Beruf gedrängt wurden und ihre eigenen Neigungen so lange unterdrückten, bis sie sie selbst nicht mehr wahrnahmen. Oder dass sie meinten, für nichts besonders begabt zu sein. In die Beratung kamen sie, weil sie intuitiv spürten, dass sie trotz gutem Gehalt, Anerkennung und Prestige nicht am richtigen Platz waren. Sie wollten schließlich doch herausfinden, was besser zu ihnen passte.

Anhand von zwei eindeutigen Kriterien können wir auch heute selbst feststellen, wo unsere Begabung liegt: Leichtigkeit und Freude.

Was wir tun, fällt uns leicht: Tätigkeiten auf unserem ureigenen Gebiet machen uns weitaus weniger Schwierigkeiten als in anderen Bereichen. Hier geht es deutlich schneller und mit weniger Mühe. Das spiegelt uns auch unsere Umwelt wider. Wir hören in dem Fall oft: »Das liegt dir« oder: »Du bist der/die geborene …«. Häufig werden wir von anderen gebeten, genau diese Aufgabe zu übernehmen. Wenn wir Sinn für Farben und Formen haben, fragt man uns gerne um Rat bei der Wohnungseinrichtung. Wenn wir sprachbegabt sind, bittet man uns, doch die Festschrift zum Jubiläum zu verfassen oder das Protokoll zu schreiben.

Was wir tun, macht uns Freude: Schon beim Tun erleben wir eine große Befriedigung, nicht erst im Ergebnis. Wir spüren das, was der ungarische Psychologe Mihaly Csikszentmihalyi »Flow« nennt. Die Zeit vergeht wie im Fluge, wir versinken vollkommen in unserer Tätigkeit. Dabei empfinden wir die Arbeit nicht als solche. Wie zum Beispiel der Modedesigner Karl Lagerfeld. Gefragt, warum er denn nie Urlaub mache, antwortete er: »Meine Arbeit ist für mich wie Urlaub.«

Wohlgemerkt, für ein echtes Talent müssen Leichtigkeit *und* Freude zusammen vorhanden sein, eines allein reicht nicht aus. Es ist sehr wohl möglich, dass man sich in einem Bereich nicht besonders anstrengen muss und darin auch erfolgreich ist, aber trotzdem keine Freude daran hat.

Wie Manuela, 38, Rechtsanwältin in einer renommierten Hamburger Kanzlei. Sie bekommt viel Anerkennung, demnächst steht sogar eine Partnerschaft in der Sozietät an. Dank ihrer Disziplin und Intelligenz macht Manuela einen richitg guten Job, aber ihr fehlt die Begeisterung. Das Jurastudium hat sie seinerzeit gewählt, weil sie sich ausgerechnet hat, damit später gute Berufschancen zu haben.

Dass unser spezielles Talent wie der Schlüssel ins Schloss zu bestimmten Aufgaben passt, heißt allerdings nicht, dass es nur eine einzige passende Tätigkeit für uns gibt. Es handelt sich um ein weites Betätigungsfeld, auf dem wir unsere optimale Position suchen können. Wer von Hause aus gründlich ist und gerne konzentriert allein arbeitet, für den reicht die Palette etwa von der Goldschmiede über Laborforschung bis zum Ingenieurbüro. Wer geschickt mit Menschen umgeht, ist vielleicht im Hotelgewerbe, in der Pressestelle eines Konzerns oder in der Diplomatie am richtigen Platz.

Indem wir unser Talent an der geeigneten Stelle einsetzen, ist uns in jedem Fall innere Freude gewiss. Das gilt auch, wenn es mal schwierig wird. Jede Aufgabe bringt schließlich Herausforderungen mit sich, die man erst einmal bewältigen muss. Doch sogar wenn es anstrengend ist, bleibt doch im Hintergrund das freudige Bewusstsein: Hier bin ich richtig. Das ist es, was ich machen will.

Im Rahmen etwas ändern

Vielleicht haben wir entdeckt, dass wir unser Talent nur im Privatbereich anwenden. Etwa wenn wir kompetent einen Anwohnerflohmarkt organisieren, Nachbarskindern erfolgreich Nachhilfe geben, unsere Freundinnen beim Kleiderkauf bestens beraten, mit technischem Verständnis einem Freund die Fernsehprogramme einrichten oder kreative Fotos für Facebook oder Instagram schießen. Da sind wir mit Freude dabei – nur im Job kommt das Talent eher wenig zum Einsatz. Schade, aber deshalb kann man ja nicht gleich den Beruf wechseln.

Das muss man auch nicht. Im Rahmen eines nicht gerade heißgeliebten Berufes lässt sich einiges so verändern, dass wir mehr Freude daran haben. So wie es heißt: »Es gibt kein schlechtes Wetter, nur schlechte Kleidung«, kann man auch sagen: Es gibt nicht den falschen Beruf, nur die falsche Aufgabe. Wir haben mehr Möglichkeiten, als wir glauben, unseren Job auf unser Talent hin zu gestalten, ohne ihn aufzugeben.

Der Schlüssel zur positiven Veränderung liegt in den sogenannten »weichen« Fähigkeiten. Unsere angeborenen Stärken beziehen sich nämlich nicht nur auf Eigenschaften, die uns für bestimmte Berufe qualifizieren, wie Musikalität, Sprachgefühl oder technisches Verständnis, sondern auch auf persönliche, soziale und methodische Kompetenzen. Zu den persönlichen Stärken gehören Neugier, Belastbarkeit und Lust an Eigenverantwortung. Zu den sozialen Kompetenzen rechnet man Einfühlungsvermögen, Kommunikations- und Teamfähigkeit. Methodische Fähigkeiten sind Organisationstalent und eine strukturierte Arbeitsweise.

Auch das sind Talente, bei deren Einsatz wir Leichtigkeit und Freude empfinden. Deshalb sollten wir uns die Frage stellen: Wo liegen meine Stärken in diesen Bereichen? Wie muss ich meine Tätigkeit verändern, damit ich sie einbringen kann? Diese Überlegungen können uns Impulse für eine Initiative geben: Wer gerne eigenverantwortlich arbeitet, bewirbt sich um Projekte, die genau dieses verlangen. Wer gut mit Menschen kann, lässt sich aus dem Einzelbüro in die Kundenbetreuung versetzen. Wenn Aufgaben verteilt werden, ruft man an der richtigen Stelle: »Hier!« Oder man bewirbt sich innerhalb der Firma auf eine andere Position.

Martin, 36, Allgemeinmediziner mit eigener Praxis, hat Schwierigkeiten damit, sich täglich auf viele Patienten einzustellen und Empathie zu zeigen. Eigentlich ist er jemand, der gerne allein arbeitet und dem es Freude macht, Dinge zu erforschen und zu entwickeln. Die Lösung: ein Wechsel innerhalb des medizinischen Bereichs. Martin beschließt, seine Praxis zu verkaufen und in die pharmazeutische Forschung zu gehen. Mit diesem Konzept ist er glücklich.

Manchmal hilft es auch, einfach das Denken zu ändern, um wieder Freude an der Arbeit zu finden. Das gilt in Fällen, in denen wir das Gefühl haben, in einer Aufgabe wie in einer Zwangsjacke zu stecken, aus der wir so schnell nicht herauskommen. Man könnte sich natürlich zähneknirschend damit abfinden und sagen: Da muss ich halt durch, es kommen wieder bessere Zeiten. Aber: hier handelt es sich um kostbare Lebenszeit, die man nicht einfach so verschenken sollte.

Uta, eine 48-jährige Schriftstellerin, die sich mit historischen Romanen einen Namen gemacht hat, erlebt dieses Gefühl von Ausweglosigkeit bei ihrem aktuellen Buch: Der Vertrag mit ihrem Verlag ist unterschrieben, der Abgabetermin steht fest. Das Exposé, der Handlungsentwurf, fällt ihr noch leicht, aber das Schreiben gestaltet sich unerwartet mühsam. Die Freude, die sie sonst dabei empfindet, will sich nicht einstellen.

Uta geht es deshalb schlecht. Nachts wacht sie schweißgebadet auf und beschäftigt sich in Gedanken mit dem nächsten Kapitel. Passend dazu träumt sie, dass sie sich durch einen engen Tunnel zwängen muss. Und das wird nun mindestens ein Jahr lang so weitergehen, bis das Manuskript fertig ist.

Auch aus solchen Situationen gibt es einen Ausweg. Nur liegt er nicht im Äußeren, sondern in unserem Kopf. Es geht darum, eine neue, positive Einstellung zu der Aufgabe zu finden. Damit ist nicht gemeint, sie sich schönzureden. Vielmehr handelt es sich darum, die Sichtweise so zu ändern, dass die Aufgabe erträglich oder vielleicht sogar reizvoll erscheint. In der Psychologie spricht man bei dieser Technik von »Reframing«, wörtlich »Neue Rahmung«. Darunter versteht man ein positives Umdeuten der Situation, so dass sich das Gefühl ändert.

Utas Reframing sieht so aus: Sie beschließt, sich nicht länger als Opfer zu sehen, das unter einer Schreibblockade leidet, sondern als diejenige, die eine Herausforderung meistert. Sie wettet deshalb mit sich selbst ab, dass sie das Buch in kürzerer Zeit als geplant schreiben wird. Das wiederum zwingt sie dazu, eine andere Art des Schreibens auszuprobieren – lockerer und weniger perfektionistisch. Und siehe da, das Umdenken zeigt Wirkung! Es ist zwar immer noch eine Menge Arbeit, aber sie macht Uta wieder Spaß, weil sich ihre Einstellung dazu geändert hat.

Arbeit muss Sinn haben

Quizfrage: Was ist wichtiger für die Freude im Job – Geld oder Karrierechancen? Antwort: Weder noch. In Umfragen haben Wissenschaftler herausgefunden, dass für die meisten Arbeitnehmer eine sinnvolle Tätigkeit entscheidender ist als ein hohes Gehalt oder Aufstiegsmöglichkeiten. Offenbar ist in uns der Wunsch nach Sinn angelegt. Er gibt uns die Energie, unseren Job gut und gerne zu machen. Ohne Sinn wäre unsere Arbeit nur stures Geldverdienen. Der Philosoph Henry David Thoreau hat das mit einem Augenzwinkern so ausgedrückt: Die meisten Menschen würden sich beleidigt fühlen, wenn man ihnen anböte, Steine über eine Mauer zu werfen und sie dann wieder zurückzuwerfen, bloß damit sie ihren Lohn verdienten. Die meisten Tätigkeiten hätten damit jedoch große Ähnlichkeit.

Die Frage ist, was denn für uns Sinn macht. Spontan denkt man dabei sicher an eine Arbeit, die bewirkt, dass es anderen Menschen besser geht, etwa in der Medizin, in der Pflege, im Lehrberuf oder in der Entwicklungshilfe. Aber Sinn liegt nicht allein in sozialen Tätigkeiten. Wenn wir für andere etwas Gutes herstellen, empfinden wir es ebenfalls als sinnvoll: Als Köchin im Lokal ein Essen zubereiten, das den Gästen gut schmeckt, oder als Grafiker ein schönes Buchcover zu gestalten. Sinn empfinden wir auch, wenn wir hinter dem stehen können, wofür wir arbeiten, etwa für eine Firma, die gute Produkte herstellt. Kürzlich hörte ich zufällig mit, wie sich zwei Frauen unterhielten. Die eine hatte offenbar soeben in dem Konzern einen Job bekommen, in dem die andere schon länger arbeitete. Sie tauschten sich begeistert darüber aus, was für großartige Produkte man dort herstellte. Es klang wie ein Werbespot, war aber tatsächlich ein Ausdruck von Sinn.

Sinnvoll kann eine Tätigkeit außerdem deshalb für uns sein, weil wir dafür Lob und Anerkennung bekommen. Und manchmal besteht der Sinn darin, dass es uns wie bei einem Spiel einfach Spaß macht, was wir tun, obwohl das Ergebnis keine große Bedeutung hat.

Sinn ist subjektiv, was unserer Tätigkeit Sinn gibt, entscheiden wir selbst. Deshalb hat er so viele Inhalte, wie es Menschen gibt. Dennoch gilt: Einen tiefen Sinn erhält unsere Tätigkeit immer dann, wenn sie auf unseren Talenten beruht. Wir geben damit anderen damit etwas – und sei es nur, dass wir glücklich sind und das ausstrahlen.

Time to say goodbye

Freude ist ein klarer Hinweis. Wenn sie sich nicht von selbst einstellt und wir sie weder mit Initiative noch mit wirkungsvollen psychologischen Techniken erzeugen können, dann sollten wir den Tatsachen ins Auge sehen: Wir haben definitiv den falschen Beruf. Dafür gibt es weitere eindeutige Anzeichen. Uns graut schon beim Aufstehen vor dem Tag. Wir quälen uns lustlos durch den Tag. Uns unterlaufen Fehler. Es gelingt uns nicht mehr abzuschalten. Ständig haben wir irgendwelche kleinen Beschwerden, leiden unter Kopfschmerzen oder sind oft erkältet. Sobald wir allein sind und zur Ruhe kommen, taucht die Frage auf: Soll das nun die nächsten Jahre so weitergehen? Wenn wir ehrlich sind, müssen wir uns eingestehen: Die falsche Aufgabe, die falschen Ziele, die falschen Menschen, der falsche Ort.

Wenn wir jetzt keine Konsequenzen ziehen, wird es gefährlich, denn dann melden sich unsere Seele und unser Körper, um uns notfalls mit Gewalt auf die richtige Spur zu führen. Oft wirkt das wie ein unglücklicher Zufall, doch in Wahrheit verursachen wir das unbewusst selbst.

Simone, 34, weiß, dass sie in der Werbeagentur am falschen Platz ist. Sie findet es zunehmend frustrierend, Kampagnen für teure Produkte zu machen, die kein Mensch braucht. Eine Kündigung kommt für sie nicht infrage, obwohl es ihr immer schlechter geht. In der Agentur lässt sie sich nichts anmerken, ist aufgedreht und verbreitet gute Laune. Und dann passiert es: Beim Überqueren der Straße achtet Simone nicht auf den Verkehr und wird von einem Auto angefahren. Sie hat Glück im Unglück und kommt mit ein paar Knochenbrüchen davon. Im Krankenhaus und später in der Reha hat sie dann viel Zeit, über eine Veränderung nachzudenken.

Einen radikalen Kurswechsel vorzunehmen, ist wahrhaftig nicht einfach.

Vielleicht besitzen wir nur geringe finanzielle Mittel, sind an einen Partner gebunden, der nicht mitspielt, oder wir haben keine geeignete Ausbildung. Diese Hürden können es uns wirklich schwer machen. Doch sie sind überwindbar, wenn wir bereit sind, flexibel zu sein und den notwendigen Preis dafür zu bezahlen. Geschenkt wird uns eine grundsätzliche Veränderung leider nicht, sie ist immer mit persönlichen Opfern verbunden, aber die lohnen sich unbedingt. Das habe ich selbst erlebt, als ich mich vom sicheren, aber ungeliebten Lehrerberuf verabschiedete und meinem Traum vom Psychologiestudium folgte. Die Zeit war hart, ich musste jeden Job annehmen, um das Studium zu finanzieren, aber ich habe es keinen Tag bereut.

Wir sollten niemals in einer Situation ausharren, in der wir keine Chance haben, unser Talent einzubringen. Den Mut zu entscheidenden Veränderungen können wir finden, wenn wir uns nicht als Opfer der Umstände, sondern als Schöpfer unseres Lebenslaufes sehen. Wenn wir unser Leben so gestalten wollen, dass wir damit glücklich sind, dann müssen wir uns grundsätzliche Fragen stellen: Warum bin ich hier? Was tue ich? Warum ist das von Bedeutung? Was ist meine Bestimmung? Welchen Sinn hat das?

Leichtigkeit und Freude zeigen uns, dass wir die richtige Antwort gefunden haben.

Gib immer dein Bestes

Vor kurzem wurde ich in einem Interview gefragt, welcher literarischen Figur ich mich denn besonders verbunden fühle. Die Journalistin hatte wahrscheinlich erwartet, dass ich Anna Karenina oder Alice im Wunderland nennen würde. Aber meine Schwester im Geiste ist die Goldmarie aus Grimms Märchen »Frau Holle«. Man erinnere sich: Marie fällt in eine Brunnen und landet im Reich der Frau Holle. Unterwegs zieht sie Brot aus dem Ofen, damit es nicht verbrennt. Etwas später pflückt sie reife Äpfel vom Baum. Im Dienst der Frau Holle schüttelt sie jeden Tag tüchtig die Bettdecke, damit es auf der Erde schneit. Als Marie wieder nach Hause möchte, bringt ihre Arbeitgeberin sie zum Tor in die Oberwelt. Kaum geht Marie hindurch, wird sie mit Gold überschüttet.

Wie wir wissen, enthalten Märchen uralte Weisheit. Diese ist sehr modern und lautet: Wenn du immer dein Bestes gibst, wird das am Ende auch gewürdigt. Ich glaube fest daran, dass Engagement, Disziplin, Fleiß und Zuverlässigkeit belohnt werden. Nicht unbedingt mit Gold, aber mit einem guten Ruf, Anerkennung und interessanten Aufgaben.

Ich gebe zu, dass es oft nicht so aussieht, als lohne es sich, sein Bestes zu geben. Manche Menschen haben einen Riesenerfolg, ohne dass ihr Einsatz das rechtfertigt: Ein Maler, der seine Bilder lässig hinkleckst, wird von einer renommierten Galerie übernommen, weil er sich gut selbst vermarkten kann. Eine Sachbearbeiterin kümmert sich mehr um ihr Netzwerk als um die Akten auf ihrem Schreibtisch, die Arbeit überlässt sie ihrer Kollegin. Trotzdem wird sie befördert.

Da kann man schon daran zweifeln, ob es sich wirklich lohnt, sein Bestes zu geben. Offenbar geht es ja mit weniger Anstrengung. Aber wie schon das Sprichwort sagt: Man soll den Tag nicht vor dem Abend loben. Fast immer ist der Erfolg derjenigen, die sich nicht anstrengen, nur kurzfristig. Er hat keine solide Basis. Wenn echte Anforderungen kommen, sind sie denen oft nicht gewachsen.

Was bei schnellen Erfolgen gerne übersehen wird: Sein Bestes gibt man nicht nur für die anderen, sondern ebenso für sich selbst. Wir wissen sehr wohl, ob wir wirklich alles Mögliche getan haben oder ob wir es uns aus Bequemlichkeit zu einfach gemacht haben. In erster Linie sind wir es uns selbst schuldig, uns bei den Aufgaben, die uns am Herzen liegen oder zu denen wir uns anderen gegenüber verpflichtet haben, optimal einzubringen. Wir haben in uns einen feinen Seismographen, der uns genau anzeigt, ob wir das erreicht haben: Zufriedenheit mit unserem Werk und Stolz auf unsere Leistung. Wir wissen dann, dass wir es nicht besser hätten machen können. Das ist ein großartiges Gefühl. Die Anerkennung der anderen ist im Grunde nur noch das Sahnehäubchen, das uns bestätigt und erfreut. Tatsächlich erhalten wir meist auch eine positive Rückmeldung, denn Qualität und gute Arbeit werden durchaus gesehen und geschätzt.

Wenn wir unser Bestes gegeben haben, empfinden wir bezüglich unserer Leistung eine innere Sicherheit, die nicht so schnell zu erschüttern ist. Das bedeutet allerdings nicht, dass es an unserem Produkt nichts mehr zu verbessern gäbe. Berechtigte Kritik anzunehmen ist sinnvoll, schließlich können wir auf diese Weise unser Ergebnis noch optimieren. Aber ungerechtfertigte Mäkeleien sollten uns nicht berühren. Dabei handelt es sich um eine subjektive Meinung, auf die zwar jeder ein Recht hat, die wir aber getrost ignorieren dürfen. Die Hauptsache ist, dass wir wissen, was wir geleistet haben.

Eine Auswahl treffen

Wir können nicht überall unser Bestes geben. Schließlich haben wir nur einen begrenzten Vorrat an Energie. Deshalb ist es unmöglich, auf sämtlichen Gebieten unserer Arbeit Höchstleistung zu erbringen.

Wer das versucht, ist am Ende ausgebrannt. Wir müssen also eine Auswahl treffen. Doch nach welchen Kriterien? Dabei hilft die Überlegung: Mit welcher Tätigkeit schaffe ich den größten Wert? Womit leiste ich auf meinem Arbeitsgebiet den wertvollsten Beitrag? Was kann kein anderer so gut wie ich? In den meisten Fällen deckt sich das mit der Frage: Wofür werde ich bezahlt? Darauf sollten wir uns fokussieren. Bei allem, was nicht diesen Kernbereich betrifft, dürfen wir auch mal locker lassen. Wir müssen nicht jede E-Mail ausformulieren, als wollten wir einen Literaturpreis damit gewinnen.

Menschen, die hohe Ansprüche an sich selbst stellen, fällt es auch oft schwer, mit anderen zusammen zu arbeiten, vor allem mit denjenigen, die nicht die gleiche Arbeitsmoral haben. Es ist zweifellos frustrierend, wenn man selbst sein Bestes abliefert und das Ergebnis dann durch jemanden im Team, der weniger tüchtig oder engagiert ist, beeinträchtigt wird. Trotzdem plädiere ich dafür, hier etwas mehr Toleranz zu entwickeln. Wir müssen nicht unbedingt darum kämpfen, dass beim Firmenjubiläum der Blumenschmuck farblich exakt zum Teppichboden im Saal passt. Es gilt abzuwägen, ob wir dafür einen Konflikt mit den Kolleginnen oder Kollegen in Kauf nehmen wollen. Hier hilft die prüfende Frage: Ist das wirklich wichtig? Wenn Sie dies bejahen, dann lohnt sich allerdings die Auseinandersetzung. Zu seinen Prinzipien muss man stehen.

Wenn das Beste überlastet: Perfektionismus

So großartig es ist, sein Bestes zu geben – es hat eine Schattenseite: den Perfektionismus. Wir versuchen, alles hundertprozentig zu machen. Das betrifft nicht nur große Projekte, sondern auch Kleinigkeiten im Alltag: Jede Anfrage wird sofort beantwortet, obwohl sachlich keine Notwendigkeit dafür besteht und es uns nur von Wichtigem ablenkt. Bevor wir Geschäftsfreunde zum Essen in ein Restaurant einladen, testen wir vorher mehrere Lokale. Den Text für die Präsentation können wir im Schlaf herunterbeten, aber wir proben lieber noch einmal, sicher ist sicher.

Nun kann man natürlich einwenden: Was ist denn bitteschön falsch daran, sich gründlich vorzubereiten oder sich zu bemühen, die Erwartungen anderer zu erfüllen? Tatsächlich spricht im Prinzip gar nichts dagegen. Ob es sich dabei um Perfektionismus handelt, ist nämlich keine Frage unseres Verhaltens – sondern es geht darum, welches Motiv uns antreibt. Hinter Perfektionismus verbirgt sich immer Angst: zu versagen, Kritik zu ernten, Ablehnung zu erfahren, sich zu blamieren, nicht gut genug zu sein, andere zu enttäuschen. Kurz, hinter Perfektionismus steckt mangelndes Selbstvertrauen. Ob es sich im jeweiligen Fall tatsächlich um Perfektionismus handelt, lässt sich deshalb an unserem Gefühl und den damit verbundenen körperlichen Reaktionen feststellen. Wann immer wir mit Blick auf unsere Leistung unter Stress geraten und uns verkrampfen, können wir sicher sein, dass wir gerade unbedingt alles richtig machen wollen. Dabei werden unsere unangenehmen Gefühle und körperlichen Reaktionen durch Gedanken ausgelöst oder verstärkt: »Was werden die von mir halten?« »Wenn ich das nicht tue, nehmen sie es mir übel.« »Sie glauben sonst, ich bin faul.« Auf jedes Versagen reagieren wir mit Selbstvorwürfen, Scham und Schuldgefühlen.

Ein weiteres Anzeichen für Perfektionismus ist Lustlosigkeit. Wir tun etwas nur, um in unseren eigenen Augen und denen der anderen vollkommen zu erscheinen. Doch eigentlich ist es uns gleichgültig oder sogar lästig. Mit einer simplen Frage können wir uns auf die Schliche kommen: Ist es mir wirklich ein eigenes Bedürfnis, diese Aufgabe hundertprozentig zu erledigen? Die Antwort zeigt uns schnell, ob Perfektionismus oder echte Leidenschaft dahinterstecken.

Was können wir tun, um uns vom Perfektionismus zu befreien? Zunächst einmal müssen wir ihn überhaupt als solchen erkennen und nicht achselzuckend oder gar mit geheimem Stolz sagen: »Ich bin halt nur mit dem Besten zufrieden.« Im nächsten Schritt geht es darum, die eigenen Ansprüche mental herunterzufahren. Bewährt haben sich dazu Sätze wie: »Ich kann mir das erlauben.« »Das ist doch nicht wirklich wichtig.« »Davon hängt nicht mein Leben ab.« »Gut ist gut genug.«

Allerdings ist es nicht so einfach, eine perfektionistische Haltung abzulegen. Wie bei jeder tiefgreifenden Veränderung ist auch hier die Umstellung zunächst unangenehm. Unser perfektionistischer Persönlichkeitsanteil wird sich mit Sicherheit gewaltig dagegen sträuben. Wir werden daran zweifeln, ob die neue Lässigkeit wirklich der richtige Weg ist. Ob sie nicht unsere Karriere behindert, unserem Ansehen oder unserer Beliebtheit schadet. Wir geraten in Stress, weil wir uns zu einem Verhalten zwingen müssen, das wir bisher als inakzeptabel beurteilt haben.

Da hilft nur eins: stark bleiben. Wer die Probezeit übersteht, erfährt, dass die Welt nicht untergeht, wenn er nicht auf jedem Gebiet hundertprozentig funktioniert. Aus diesem Grund gibt man auch in der Verhaltenstherapie Menschen, die unter starkem Perfektionismus leiden, den Auftrag, bewusst kleine Fehler zu machen, etwa in einem Brief Wörter falsch zu schreiben oder mit zwei unterschiedlich farbigen Socken ins Büro zu gehen. Wir müssen eben erst am eigenen Leibe erleben, dass wir anerkannt und geschätzt werden, obwohl wir nicht perfekt sind. Oder meist sogar gerade deshalb!

Für diejenigen, die bei großen Aufgaben besonders heftig unter Perfektionismus leiden, gibt es einen speziellen Trick: So zu tun, als wäre dies noch nicht die eigentliche Arbeit, sondern eine unwichtige Vorbereitung.

Henry, 29, quält sich mit seiner Doktorarbeit. Schon lange hat er sämtliche notwendigen Unterlagen und Auswertungen zusammen, er muss nur noch schreiben – aber genau das fällt ihm schwer. Verzweifelt sitzt er an seinem Computer und versucht, etwas Brillantes zu formulieren, doch er kommt nicht weiter. Bis ihm ein Freund rät:

Tu doch einfach so, als wäre das nur ein ganz unwichtiger Entwurf, den du nachher wieder löschst. Erst hält Henry den Rat für blödsinnig, warum sollte er für den Papierkorb schreiben? Aber dann findet er, dass er nichts zu verlieren hat. Er tippt einfach drauflos. Und siehe da, der Knoten platzt. Einmal im Schreibmodus, fließt der Text.

Die Vorstellung, es handle sich noch nicht um das endgültige Ergebnis unserer Arbeit, nimmt uns den Druck. Wenn wir eine wichtige Sache planen müssen, dann tun wir so, als ob es erst um ein Brainstorming geht. Wenn wir uns stressen, weil wir auf keinen Fall in einem Vorstellungsgespräch versagen wollen, stellen wir uns vor, wir träfen uns nur zu einem informellen Austausch. Auf diese Weise überlisten wir unseren zu hohen Anspruch.

Wenn der Anspruch blockiert: Aufschieberitis

Manchmal führt der Wunsch, unser Bestes zu geben, dazu, dass wir gar nichts tun. Wir schieben unsere Aufgabe immer weiter hinaus. Auch wenn es vielleicht von außen so aussieht – mit Faulheit hat das nichts zu tun. Faule Menschen schieben nichts auf, sondern setzen sich überhaupt keine Ziele. Wer aufschiebt, hat immer gute, wenn auch oft unbewusste Gründe. Meist steckt, wie bei der Perfektion, die Angst dahinter, dass das Ergebnis von anderen schlecht beurteilt wird. Obwohl wir wissen, dass wir eigentlich unseren Job machen müssten, flüchten wir uns in alle möglichen Nebensächlichkeiten.

Falco, 29, arbeitet in einer Nachrichtenagentur. Seine Aufgabe ist es, kurze Texte zu aktuellen Ereignissen zu verfassen. Das zieht sich ewig hin, weil er zwischendurch E-Mails checkt oder sich Videos auf YouTube ansieht. Sein Chef hat ihn schon zur Rede gestellt und gedroht, ihn zu entlassen, wenn er das nicht zügiger hinbekommt. Doch Falco trödelt nicht aus Spaß. Hinter seiner Verzögerungstaktik steckt die Angst, dass seine Texte nicht gut genug sind.

Solange die Aufschieberitis noch keine krankhaften Züge angenommen hat, kann man sich mit bewährten Tricks selbst aus der Falle befreien: Zuerst einmal schaffen wir ein klares Umfeld. Ein zugemüllter Schreibtisch ist wenig verlockend. Ebenso lenken andere Arbeiten im Blickfeld ab, etwa wenn wir dauernd auf die Bügelwäsche oder die Mappe mit den Steuerunterlagen schauen. Was nicht unmittelbar zur Aufgabe gehört, wird weggeräumt.

Der Anfang fällt immer am schwersten. Diese Hürde kann man überwinden, indem man sich sagt: »Ich arbeite jetzt nur 15 Minuten. Wenn ich dann keine Lust mehr habe, darf ich ohne schlechtes Gewissen aufhören.« Meist ist es doch so: Wenn wir erst einmal dabei sind, machen wir weiter. Um in Arbeitslaune zu kommen, hilft ein persönliches Ritual. Schriftsteller arbeiten gerne mit dieser Starthilfe. Sie binden sich etwa einen bestimmten Schal um oder trinken Tee aus einer speziellen Tasse. Vielleicht zünden wir eine Duftkerze an oder tragen ein bestimmtes Kleidungsstück.

Last but not least: Vor einem Riesenberg verzweifelt man, kleine Schritte sind dagegen meist gut zu bewältigen. Also unterteilen wir die Aufgabe in Miniportionen und arbeiten eine nach der anderen ab.

Der Weg zur Meisterschaft

Beständig sein Bestes zu geben, bedeutet, eine innere Entwicklung zu durchlaufen. Auf dem Weg zur Meisterschaft müssen wir uns irgendwann vom Perfektionismus, vom Wunsch nach äußerer Anerkennung und von innerer Unsicherheit freimachen.

Eine Zen-Geschichte beschreibt dieses Loslassen besonders einleuchtend: Ein Meisterhandwerker im alten China wurde vom Kaiser beauftragt, einen Schrank für die kaiserlichen Gemächer herzustellen. Er nahm den Auftrag an. Zunächst saß er fünf Tage lang untätig in seinem Haus, dann fertigte er den schönsten Schrank, den man je gesehen hatte. Der Kaiser war hochzufrieden, wollte aber von dem Handwerker wissen, was er denn während der fünf Tage gemacht habe. Der antwortete: »Den ersten Tag verbrachte ich damit, jeden Gedanken an Versagen, an Furcht und Bestrafung, falls dem Kaiser meine Arbeit missfallen sollte, loszulassen. Den zweiten Tag verbrachte ich damit, den Glauben daran aus meinem Kopf zu verbannen, dass ich nicht fähig sei, einen des Kaisers würdigen Schrank anzufertigen. Den dritten Tag verbrachte ich damit, das Verlangen und die Hoffnung auf Ruhm und Belohnung, falls mein Schrank dem Kaiser gefallen sollte, loszulassen. Den vierten Tag verbrachte ich damit, den Stolz zu bezwingen, der in mir aufsteigen könnte, falls ich mit meiner Arbeit erfolgreich wäre. Den fünften Tag verbrachte ich damit, mir im Geiste eine klare Vorstellung davon zu machen, wie ein Schrank aussehen müsste, der selbst einem Kaiser gefallen würde. Dann habe ich ihn so hergestellt, wie er jetzt vor Euch steht.«

Sein Bestes zu geben ist ein lebenslanger, äußerst lohnender Prozess. Er ist alle Anstrengung wert. Wir lernen, uns zu vertrauen und durchzuhalten, obwohl es schwierig wird. Der Wirtschaftswissenschaftler Geoff Colvin sagt dazu: »Wenn die Tätigkeiten, die zur Größe führen, leicht und lustig wären, würde sich jeder mit ihnen beschäftigen – und die Besten würden sich vom Rest nicht unterscheiden.«

Lerne Neues

Alles in der Natur strebt danach, sich zu entfalten. Das geht uns Menschen nicht anders. Zu wachsen und Neues zu lernen macht uns glücklich. In reinster Form zeigt sich das bei kleinen Kindern. Es begeistert sie, laufen zu lernen. Ebenso wunderbar finden sie es, endlich Worte sprechen zu können, die sie voller Stolz wiederholen. Sie fiebern dem erst Schultag entgegen, weil sie dann endlich Lesen und Schreiben lernen. Leider geht uns diese kindliche Begeisterung, sich Neues anzueignen, im Laufe der Zeit verloren. Das liegt daran, dass wir als Erwachsene von Routine und Bequemlichkeit bestimmt werden. Ursprünglich ist beides durchaus sinnvoll, denn es verhindert, dass wir uns überlasten. Dank der Routine müssen wir nicht jeden Tag das Rad neu erfinden. Und Bequemlichkeit sorgt dafür, dass wir uns geistig und körperlich nicht zu sehr auspowern. Doch das darf uns nicht allein bestimmen. Unser Gehirn braucht ebenso neue Impulse. In dem Punkt verhält es sich wie ein Muskel. Der bleibt nur stark, solange er benutzt wird. Andernfalls bildet er sich zurück.

Wenn wir unser Gehirn vor Herausforderungen stellen, sorgen wir dafür, dass sich neue Verknüpfungen zwischen den Nervenzellen bilden. Indem wir neugierig bleiben und Neues ausprobieren, beeinflussen wir unsere geistige Fitness. Und das ist noch nicht alles: Die Forschung konnte auch nachweisen, dass uns unser Gehirn belohnt, wenn wir ihm neue Eindrücke verschaffen. Wenn wir es endlich kapiert haben, der Knoten geplatzt ist, sich das berühmte Aha-Erlebnis eingestellt hat, dann dankt uns das unser Gehirn mit einer Extraportion Glück. Dopamin wird ausgeschüttet, unser Belohnungszentrum wird aktiviert.

Neues zu lernen hat also viele Vorteile: Es erhöht unsere Kompetenz, entwickelt unsere Fähigkeiten und macht uns glücklich. Doch dazu gibt es einiges zu bedenken, damit wir auch tatsächlich diese Vorteile genießen können.

Die drei Lernzonen

Noel Tichy, Professor an der University of Michigan Business School, hat ein anschauliches Modell des Lernens entwickelt. Es besteht aus drei konzentrischen Kreisen. Den inneren Kreis bezeichnet er als Komfortzone, den mittleren als Lernzone und den äußeren als Panikzone.

In der *Komfortzone* üben wir ein, was wir bereits gelernt haben. Das ist durchaus wichtig. Einige Fähigkeiten oder Kenntnisse bleiben uns zwar über lange Zeit erhalten, wie Fahrradfahren und Schwimmen, aber vieles, was wir nicht regelmäßig wiederholen, verlernen oder vergessen wir im Laufe der Zeit. Vokabeln einer fremden Sprache oder den Umgang mit technischen Geräten müssen wir häufig wiederholen, damit sich das einprägt und zur Gewohnheit wird. Neues lernen wir währenddessen zwar nicht, aber wir halten aufrecht, was wir schon können.

In der *Lernzone* ruhen wir uns nicht auf unseren Lorbeeren aus. Wir kümmern uns gezielt um diejenigen Aspekte unseres Arbeitsgebietes, die wir noch nicht oder nicht perfekt beherrschen. Ein IT-Spezialist lernt eine weitere Programmiersprache, eine Töpferin probiert eine neue Glasur aus, ein Schulmediziner macht eine Fortbildung in Homöopathie. Charakteristisch für diese Zone ist, dass wir auf bereits Bekanntem aufbauen, unsere vorhandenen Sachkenntnisse aber um einige Grade überschreiten.

Für die *Panikzone* ist typisch, dass wir uns überfordert fühlen. Wohlgemerkt geht es hier nicht um Ängste wie Lampenfieber oder solche, die durch Druck von außen verursacht werden. Es handelt sich vielmehr darum, dass wir nicht genau wissen, was eigentlich von uns verlangt wird. Plötzlich sollen wir etwas verstehen und uns aneignen, für das uns die Grundlage fehlt. Das ist so, als ob man uns aufforderte gleich nach der ersten Fahrstunde allein am Steuer durch die belebte Innenstadt zu kurven. Die Überforderung führt zu Stress, der sich je nach Bedeutung der Aufgabe schnell in Panik oder Niedergeschlagenheit verwandelt.

In welcher der drei Zonen wir uns befinden, entscheidet das Verhältnis zwischen unseren Fähigkeiten und der Anforderung: In der

Komfortzone hält sich beides die Waage. In der Lernzone liegen die Anforderungen etwas höher als bisher, aber wir sind in der Lage, sie zu bewältigen. In der Panikzone übersteigen die Anforderungen unsere Fähigkeiten so weit, dass es uns unmöglich ist, sie umzusetzen.

Es liegt auf der Hand, dass wir Neues am besten in der Lernzone aufnehmen. Während wir uns in der Komfortzone schnell langweilen und in der Panikzone unter zu großem Druck stehen, empfinden wir in der Lernzone positiven Stress, den sogenannten Eustress (die Vorsilbe »eu« kommt aus dem Griechischen und bedeutet »gut«). Wir sind gefordert, aber nicht überfordert. Darauf sollten wir immer achten.

Gewiss fällt es uns nicht schwer, herauszufinden, was uns noch an Kenntnissen fehlt und was wir uns an Neuem aneignen wollen. Aber damit ist uns noch nicht automatisch klar, wie uns das am besten gelingt. Dazu ist eine kompetente Anleitung nötig.

Benjamin Zander, Dirigent des Boston Philharmonic Orchestra, demonstriert das gerne auf humorvolle Weise. Gelegentlich hält er Vorträge für Manager, die von ihm erfahren möchten, wie man ein Orchester zu einer großartigen musikalischen Leistung führt, damit sie das Know-how später auf ihre Arbeit übertragen können. Zander fragt sein Publikum, ob jemand in der letzten Zeit Geburtstag hatte. Fast immer ist einer dabei, der kürzlich ein Jahr älter geworden ist. Daraufhin fordert Zander die Anwesenden auf: »Singen Sie dem Geburtstagskind doch mal ein Ständchen.« Ohne weitere Anweisung singt die Gruppe sofort aus vollem Hals »Happy Birthday«. Anschließend erklärt Zander: »Das war schon sehr gut. Aber ich glaube, dass Sie es besser machen können. Singen Sie das Lied jetzt noch einmal, aber dieses Mal besser.« Die Reaktion ist Schweigen, keiner gibt mehr einen Ton von sich. Nach einigen peinlichen Sekunden erläutert Zander, was gerade passiert ist: Als alle verstanden hatten, was zu tun war, setzten sie es um. Als sie es besser machen sollten, aber keine Ahnung hatten auf welche Weise, waren sie wie gelähmt. Fazit: Um effektiv zu üben, müssen wir präzise wissen, was wir tun sollen.

Auf jedem Arbeitsgebiet entwickeln sich Fachwissen und Methoden der Anwendung ständig weiter. Im Modedesign arbeitet man nicht mehr nur mit Seide oder Baumwolle, sondern stellt Stoffe aus ungewöhnlichen Materialien wie Papier oder sogar Milch her, die spezielle Eigenschaften aufweisen. In fortschrittlichen Apotheken müssen die Kunden nicht mehr persönlich vorbeikommen, um ihre Medikamente zu bestellen, sondern können sie mit dem Smartphone von zuhause ordern.

Auch auf unserem eigenen Gebiet gibt es mit Sicherheit neue Entwicklungen, die wir nicht verschlafen sollten. Zu ihnen müssen wir Zugang bekommen. Damit wir dabei nicht Zeit und Kraft mit Versuch und Irrtum verschwenden, stehen uns Expertinnen und Experten zur Seite. Ihr Wissen lässt sich komfortabel in Form von Büchern, DVDs oder YouTube-Videos nach Hause holen. Das hat den Vorteil, dass wir uns informieren können, wann und wo wir wollen.

Das Flaschenhals-Syndrom – nicht aufgeben!

Manches, was wir lernen müssen, liegt uns nicht. Trotzdem kommen wir nicht umhin, es uns anzueignen, wenn wir eine Position behalten oder erreichen möchten, an der uns viel liegt. Nora, 38, hat bisher in einer PR-Agentur gearbeitet. Nun hat sie sich ihren Traum erfüllt und sich selbstständig gemacht. In ihrer alten Agentur gab es IT-Spezialisten. Jetzt muss sie sich selbst um diesen Bereich kümmern. Es fällt ihr schwer, denn sie ist mehr der kreative Typ, aber ihre Kunden verlangen von ihr Kenntnisse im Social Media Bereich. Andernfalls würde sie keine Aufträge bekommen. Also arbeitet sie sich lustlos ein und hofft, dass sie später mal so viel verdient, dass sie dafür jemand einstellen kann.

Tatsache ist: Es gibt nichts umsonst, alles hat seinen Preis. Der besteht eben manchmal darin, dass wir in den sauren Apfel beißen und uns mühsam Kenntnisse aneignen müssen, obwohl es uns schwerfällt und wir am liebsten davonlaufen würden. Hier hilft nur der feste Blick auf das Ziel. Wir müssen uns immer wieder klarmachen, warum wir das tun. Das Lernen ist hier Mittel zum Zweck. Ein Ansporn können deshalb auch Sprüche sein, die uns dazu ermuntern. An meiner Pinnwand hängt ein Satz von Robert De Niro: At the end of the day you got to do it – so just do it! Du musst es schließlich doch tun, also tu es gleich!

Wenn uns das Neue interessiert und fasziniert, dann ist es ein pures Vergnügen, es sich anzueignen – diese Aussage klingt gut, ist aber leider ein Mythos. Es stimmt zwar, dass wir mit Freude wesentlich mehr Schwung haben. Aber Fortbewegung in der Lernzone bedeutet schließlich auch, etwas bisher Unbekanntes zu verstehen und einzuüben. Das ist zunächst einmal ziemlich frustrierend. Statt lustvollem Weiterkommen spüren wir unser Unvermögen. Oft genug schwirren uns Sätze im Kopf herum wie: »Ich kapiere das einfach nicht.« Oder: »Warum klappt das denn nicht?« Diesen quälenden Zustand bezeichne ich gerne als »Flaschenhals-Syndrom«. Es handelt sich um einen Engpass, den es zu überwinden gilt.

Bedauerlicherweise geben viele Menschen an diesem heiklen Punkt auf. Zum Teil geschieht das aus Bequemlichkeit, doch noch öfter, weil sie den Glauben an sich selbst verlieren. Gefahr ist im Verzug, wenn wir denken: »Ich bin nicht talentiert genug.« »Das ist wohl doch nicht mein Ding.« »Man muss ja nicht gleich nach den Sternen greifen.« Das ist die Phase, in der wir nicht aufgeben dürfen. Wenn wir die für unser Gebiet nötigen Voraussetzungen besitzen und unser Lernkonzept stimmt, dann werden wir es mit Ausdauer und Anstrengung auch hinbekommen. Unsere Frustration ist kein Beweis für unsere Unfähigkeit, sie ist eine Bedingung, ohne die es keine Entwicklung gibt. Der ganze Trick besteht darin, dass wir es wieder und wieder machen. So lange, bis das Neue für uns zum Altbekannten wird. Man nennt das auch Üben.

Sich für Neues fit machen

Den Seinen gibt es der Herr im Schlaf, heißt es in Bibel. Da ist etwas dran. Wenn wir Neues lernen, ist Schlaf tatsächlich ein wichtiger Verbündeter. Unser Gehirn ruht sich nachts nämlich nicht aus, sondern ist mit Aufräumen beschäftigt. Was wir uns am Tage angeeignet haben, wird im Schlaf sortiert und eingeordnet. Dabei entscheidet unser Gehirn, was als unwichtig gelöscht werden kann und was in Erinnerung bleiben soll. Wir strukturieren Informationen und verankern sie im Langzeitspeicher. Auf diese Weise verfestigt sich Gelerntes. Aufgaben, mit denen wir uns am Tag geplagt haben, werden über Nacht bearbeitet.

Sie dürfen Ihrem fleißigen Gehirn gerne einen Auftrag geben, den es nachts bearbeiten soll. Dazu formulieren Sie vor dem Einschlafen klar und deutlich, was Sie gerne gelöst hätten – und beschäftigen sich dann nicht weiter damit. Schließlich möchten Sie ja ruhig schlafen. Oft genug werden Sie staunen, wie genau das Gehirn Ihre Bitten nach einer Problemlösung erfüllt. Es lohnt sich deshalb, Papier und Stift auf den Nachttisch zu legen, um die wertvolle Information gleich zu notieren.

Ein weiteres Hilfsmittel, unser Gehirn für Neues fit zu machen, ist Bewegung. Ähnlich wie beim Muskelaufbau steuern hormonähnliche Botenstoffe die Ausbildung der Gehirnstruktur. Bei körperlicher Betätigung werden sie vermehrt ausgeschüttet. Wenn wir Sport machen, trainiert unser Gehirn mit. Jogging ist also gleichzeitig Gehirnjogging. Besonders effektiv sind Ausdauersportarten wie Radfahren, Walken oder Nordic Walking. Aber auch ein Tanzkurs oder Springen auf dem Trampolin erhöht unseren Hirnstoffwechsel und bringt unsere grauen Zellen in Schwung.

Neues zu lernen bezieht sich nicht allein auf Fachwissen. Es gibt auch Situationen im Beruf, die verlangen, dass wir ein neues Verhalten entwickeln. Teresa, 29, stammt aus einfachen Verhältnissen.

In ihrer Familie war sie die Erste, die das Abitur gemacht hat. Mit Intelligenz und Fleiß hat sie es in einer Unternehmensberatung zu einer höheren Position gebracht. Fachlich ist sie kompetent, aber bei Geschäftsessen mit Kunden fühlt sie sich unsicher. Sie hat Angst, etwas falsch zu machen. Wie vor einiger Zeit, als Krebse serviert wurden und sie nicht wusste, wie man die isst. Seither vermeidet Teresa Geschäftsessen und schickt eine Kollegin vor.

David, 42, ist ein geschätzter Physiker. Für seine Karriere wäre es wichtig, dass er auf Kongressen Referate über sein Fachgebiet hält. Doch die Vorstellung, vor Unbekannten zu sprechen, treibt ihm den Schweiß auf die Stirn. Bisher hat er sich erfolgreich davor gedrückt und notfalls auch eine Magen-Darm-Grippe vorgetäuscht.

Neues zu lernen, heißt in solchen Fällen, über den selbsterrichteten Zaun zu springen. Das ist oft wesentlich schwerer, als sich fachlich weiterzubilden. Grund dafür sind die starken Gefühle, mit denen es verbunden ist. Vor allem Angst und Scham beherrschen uns und halten uns zurück. Hier ist es sinnvoll, einmal bis zu den Ursachen zurückzugehen: Wann habe ich das erste Mal dieses Gefühl erlebt? Fast immer handelt es sich um ein frühes traumatisches Erlebnis, das uns unbewusst bis in die Gegenwart bestimmt. Vielleicht sind wir damals wegen unserer Ungeschicklichkeit oder unserem Unwissen von anderen ausgelacht worden oder eine Lehrkraft hat uns vor der gesamten Klasse vorgeführt. So eine Demütigung oder Blamage wollten wir nie wieder erleben. Also vermeiden wir bis heute ähnliche Situationen. Dieses Verhalten ist längst überholt. Es ist an der Zeit, Neues zu wagen und sich der gefürchteten Situation zu stellen.

Natürlich soll unser Aufbruch zu neuen Ufern kein Desaster werden. Deshalb ist es wichtig, die geplante Veränderung gut vorzubereiten. Teresa könnte zum Beispiel einen Kurs für Business-Knigge machen, um sich beim nächsten Mal sicherer zu fühlen. David könnte seinen öffentlichen Auftritt mit einem Coach proben und sich Ratschläge gegen Lampenfieber geben lassen. Mit dem passenden

Know-how fällt es leichter, über den eigenen Schatten zu springen. Wichtig ist allerdings, dass man das nicht nur gelegentlich tut, sondern regelmäßig. In der Verhaltenstherapie wird das als »systematische Desensibilisierung« bezeichnet. Davon können wir uns einiges abschauen. Zum Beispiel, dass wir uns nicht gleich überfordern. Wenn ein Patient mit einer Spinnenphobie behandelt wird, setzt man ihm nicht gleich ein haariges Insekt auf die Hand, sondern geht gestaffelt vor: Zuerst zeigt man ihm das Bild einer Spinne, später einen Film, dann darf er einen Blick ins Terrarium werfen, bis er schließlich eine lebende Spinne berührt. Ähnlich sollten wir mit einer relativ harmlosen Situation anfangen und uns dann steigern. Es wird nicht lange dauern, dann haben wir uns an das Neue gewöhnt und wir fragen uns im Nachhinein, wovor wir eigentlich so viel Angst gehabt haben.

Lebenslang lernen

Wir müssen nicht jeder Neuerung hinterherhecheln. Doch in Bereichen, die uns wichtig sind, sollten wir weder bequem sein, noch unserer Angst nachgeben. Prüfen wir sorgfältig, was wir lernen müssen, und gehen wir es tatkräftig an. Das ist ein guter Schutz davor, zu stagnieren und früher oder später von anderen überholt zu werden. Michail Gorbatschow soll den Satz geprägt haben, der inzwischen schon zum geflügelten Wort geworden ist: »Wer zu spät kommt, den bestraft das Leben.« Wenn wir nichts Neues lernen wollen, werden wir irgendwann dazu gezwungen.

Neues zu lernen und zu wagen, geht noch über berufliche Ansprüche hinaus – es bedeutet eine lebenslange Verpflichtung. Dabei werden wir feststellen, dass es sich eher um eine Spirale als um ein gradliniges Fortschreiten handelt. Wenn wir vorwärtsgehen, stoßen wir immer wieder auf ähnliche Herausforderungen, nur jeweils auf einem höheren Niveau. Das hat sein Gutes, denn auf diese Weise können wir vergleichen, wie weit wir tatsächlich gekommen sind. Manchmal schaffen wir es sogar, ans Ende der Spirale zu gelangen. Dafür tun sich dann wieder neue Lernaufgaben auf einem anderen Gebiet auf. Es gilt, was Hermann Hesse in seinem Gedicht »Stufen« sagt: »Des Lebens Ruf an uns wird niemals enden.«

Ergreife deine Chancen

In der Antike stand in einem Tempel der griechischen Stadt Sykion die Statue eines jungen Mannes, geschaffen vom berühmten Bildhauer Lysippos. Über der Stirn trug sie ein Haarbüschel und am Hinterkopf eine Glatze. An ihren Schuhen klebten kleine Flügel. Es handelte sich um Kairos, den Gott des günstigen Augenblicks. Die üppige Locke trägt er, damit diejenigen, denen er begegnet, ihn daran festhalten können – daher stammt übrigens die Redensart »die Gelegenheit beim Schopfe fassen«. Sein kahler Hinterkopf sorgt dafür, dass keiner mehr zugreifen kann, sobald er vorübergeeilt ist. Die Flügel an den Füßen schließlich sind ein Zeichen dafür, dass er so schnell davonfliegt wie ein Vogel.

Eine passende Symbolik für das, was eine Chance ausmacht: Sie ergibt sich meist überraschend, eröffnet für eine bestimmte Zeit eine Möglichkeit und schwindet wieder, wenn man sie nicht nutzt. Es gibt also einiges zu bedenken, damit wir unsere Chancen wahrnehmen und sie mutig und geschickt ergreifen können.

Besonders schnell erkennen wir unsere Chance, wenn wir genau wissen, was wir wollen. Eine bewusste Zielsetzung macht uns nicht nur besonders aufgeschlossen für passende Gelegenheiten, sondern gibt uns auch die Möglichkeit, dafür ein günstiges Umfeld zu schaffen.

Erfolgreiche Leute sprechen oft bescheiden davon, sie seien halt zur richtigen Zeit am richtigen Ort gewesen. Das klingt zufällig, doch lassen Sie sich nicht davon täuschen. Was nämlich gerne verschwiegen wird, ist die Tatsache, dass sie den richtigen Ort bewusst aufgesucht haben und damit ihrer Chance ein gutes Stück weit entgegengekommen sind.

Wie George Clooney, immerhin einer der bekanntesten Schauspieler Hollywoods. In seinen Anfängen spielte er in der Serie »Emergency Room« einen Kinderarzt – und das in über hundert Folgen. Dabei wäre es wohl geblieben, hätte Clooney sich nicht selbst die Chance organisiert, den Sprung zum Filmstar zu schaffen: Die Produzenten engagierten für ihre Filme gerne Darsteller aus erfolgreichen Serien. Doch die meisten von Clooneys Kollegen, die angefragt wurden, winkten ab. Die Dreharbeiten zu der Serie waren so anstrengend, dass sie sich während der drehfreien Tage unbedingt erholen wollten. Nicht so George Clooney. Er sah hier eine Möglichkeit, weiterzukommen, und nutzte die knappe Auszeit, um in mehreren Filmen mitzuspielen. Schließlich bekam er seine Chance in Form einer Hauptrolle, die ihm den Durchbruch brachte.

Es lohnt sich, im passenden Milieu zu suchen: Wo halten sich Personen auf, die mir zu einer Chance verhelfen können? Vielleicht finden wir sie bei einem Ehrenamt, auf Kongressen, bei einem Tag der offenen Tür, einer Messe, im Internet, bei einem Talentwettbewerb oder einem Praktikum? Wenn wir uns dorthin begeben und zeigen, was wir zu bieten haben, locken wir möglicherweise unsere Chance an.

So geschickt wir uns auch in manchen Fällen unseren Chancen nähern können, ihr wahres Wesen ist die Unberechenbarkeit. Das zeigt sich in zahllosen beruflichen Lebensläufen. Die meisten Fortschritte und Veränderungen werden durch unerwartete Ereignisse bestimmt, die gar nicht planbar waren und an die wir nicht im Traum gedacht haben. Plötzlich ergibt sich durch eine Gelegenheit unerwartet eine neue Richtung und verlockt uns, sie einzuschlagen.

Melanie, 52, ist in der Immobilienbranche tätig. In ihrer Freizeit hilft sie ehrenamtlich in einem Hospiz. Dort wird sie von einem Angehörigen angesprochen, sie habe sich doch die letzten Monate so rührend um seine Mutter gekümmert, ob sie nicht die Trauerrede auf ihrer Beerdigung halten könne. Melanie wehrt zunächst ab, schließlich ist sie keine Rednerin. Doch dann sagt sie sich, warum eigentlich nicht? Sie setzt sich hin und arbeitet eine Rede aus. Nach der Beerdigung kommen viele Trauergäste auf sie zu und sagen, wie sehr Melanies Worte sie berührt hätten. Wenig später wird sie erneut von jemandem gebeten, der sie auf der Beerdigung gehört hatte. Melanie sagt zu. Sie spürt, wie sehr ihr die Begleitung trauernder Menschen am Herzen liegt und dass sie mit ihren einfühlsamen Reden Trost spenden kann. Ganz unerwartet findet Melanie so ihre Berufung. Sie gibt ihren Job auf und absolviert eine Ausbildung zur Trauerbegleiterin und -rednerin. Auch wenn sie jetzt weniger verdient als vorher, ihre sinnvolle Arbeit macht sie glücklich.

Auf den ersten Blick erscheint es mysteriös: Wenn eine Chance ungeplant und für unsere bisherige Vorstellung fremd daherkommt, wieso erkennen wir dann überhaupt, dass es sich um eine Chance handelt? Es ist unser Gefühl, das uns leitet. Wir sind nämlich klüger, als wir glauben. In unserem Unterbewusstsein haben wir jede Menge Informationen über Menschen, Situationen und Dinge gespeichert, die wir blitzschnell abrufen können. Im positiven Fall spüren wir dann die innere Gewissheit: »Das ist jetzt gut für mich.« Oder: »Ich sollte das versuchen.«

Warum wir es wagen, bei einer unerwarteten Chance zuzugreifen, erklärt der Wissenschaftsjournalist Malcolm Gladwell: »Wenn wir eine spontane Entscheidung treffen oder eine Ahnung haben, dann geht unser Unbewusstes so vor: Es überblickt die Situation, in der wir uns befinden, sortiert alles Unwichtige aus und konzentriert sich absolut auf das Wesentliche. Unser Unbewusstes schneidet eine Situation in dünne Scheibchen, und darin hat es eine wahre Meisterschaft entwickelt, so dass diese Methode oft zu besseren Ergebnissen führt als langes Nachdenken und ausführliche Analysen.« Wir wissen einfach, dass es das Richtige ist und dass wir diesen Weg gehen sollten.

Leitfaden für die richtige Entscheidung

In vielen Fällen ist die scheinbar gute Gelegenheit mit einem Risiko verbunden. Es gibt zwar Aussicht auf Erfolg, aber keine Garantie. Von der richtigen Wahl kann eine Menge abhängen: unsere Zukunft, unser Glück, unsere Karriere, unser Kontostand. Doch Kairos lässt grüßen, wir müssen uns entscheiden.

Der klassische Weg besteht darin, eine Pro- und Contra-Liste zu erstellen. Das ist schon mal eine gute Basis. Doch anstatt wie üblich nur die Vorteile und Nachteile abzuwägen, sollten wir uns beides unter diesem Aspekt anschauen: Gibt es auf der Liste einen Faktor, der für mich persönlich wichtiger ist als alle anderen? Etwa dass wir gerne mit Menschen zu tun haben und die Chance genau das bietet. Dafür können wir Dinge, die weniger passen, in Kauf nehmen. Oder: Bei dem interessanten Job beginnt die Arbeit in aller Herrgottsfrühe, wir sind aber ein absoluter Morgenmuffel. Dann sollten wir diese Tatsache nicht einfach vom Tisch wischen und glauben, daran würden wir uns schon gewöhnen. Auf die Dauer kann das zur Qual werden.

Der für uns wichtigste Faktor, sei er positiv oder negativ, sollte den Ausschlag für die Entscheidung geben.

Selbsterkenntnis ist der beste Wegweiser dafür, ob wir eine Chance nutzen sollten: Passt das Angebot wirklich zu uns? Sind die persönlichen Voraussetzungen erfüllt, damit wir uns mit den Folgen unserer Entscheidung wohlfühlen?

Edgar Schein, emeritierter Professor für Organisationspsychologie am MIT in Cambridge, hat ein praktisches Instrument entwickelt. Er beschreibt acht persönliche Schwerpunkte, an denen man sich orientieren kann. Sie setzen sich aus unseren Fähigkeiten und Vorlieben zusammen. Diese »Karriereanker«, wie er sie nennt, spiegeln unsere wichtigsten Werte wider und zeigen, was für uns im Beruf unverzichtbar ist:

Ein *Sinn für Management-Aufgaben* bestimmt Menschen, die gerne führen und Verantwortung übernehmen. *Fachliche Kompetenz* ist das Ziel derjenigen, die ihr Wissen kontinuierlich vertiefen möchten. *Unternehmerische Kreativität* bewegt alle, die Neues schaffen und ihr Potenzial ausleben wollen. *Selbstständigkeit und Unabhängigkeit* ist unerlässlich für Freiheitsliebende, die sich in einer starren Organisation unwohl fühlen. *Sicherheit und Stabilität* hat Priorität für Menschen, die sich eine regelmäßige Tätigkeit wünschen. *Dienst und Hingabe für eine Idee oder Sache* begeistert diejenigen, die etwas verbessern oder sich für andere einsetzen möchten. *Totale Herausforderung* motiviert alle, die Unmögliches versuchen und gewinnen wollen. *Lebensstil-Integration* ist das schöne Wort für Menschen, denen es wichtig ist, Arbeit und Leben genussvoll miteinander zu verbinden.

Natürlich gibt es bei diesen Werten auch Kombinationen, meist sind es zwei oder drei. Kritisch wird es nur, wenn sie zueinander im Widerspruch stehen, etwa wenn ein Freigeist unbedingt Sicherheit haben will. Dann muss man schon besondere Lösungen finden. Aber im Prinzip bieten diese Kategorien insgesamt eine gute Entscheidungshilfe, wenn sich uns eine Chance zur Veränderung eröffnet.

Meine Werte-Kombination nach diesem Schema lautet zum Beispiel »Selbstständigkeit und Unabhängigkeit«, »Dienst und Hingabe für eine Idee oder Sache« und »Fachliche Kompetenz«. Damit bin ich als selbstständige Psychologin, die Menschen bei der Entfaltung ihrer einmaligen Persönlichkeit unterstützen möchte und großes Interesse an neuen Erkenntnissen auf ihrem Sachgebiet hat, genau richtig. Böte mir jemand die Chance, als Psychotherapeutin in einer Klinik oder als Schulpsychologin in einer Behörde zu arbeiten, wäre das trotz meiner Werte »Dienst und Hingabe« und »Fachkompetenz«

selbst bei besten Arbeitsbedingungen nichts für mich, weil die mir ebenso wichtige Eigenständigkeit fehlen würde.

Wenn sich uns eine berufliche Chance bietet, sollten wir dringend überprüfen, ob dabei unsere wichtigsten Werte zum Zuge kommen würden. Nur auf ein Kriterium zu achten – es sei denn, es wäre tatsächlich das einzige – kann fatale Folgen haben. Wir sind dann trotz aller Vorteile nicht am richtigen Platz und werden unglücklich. Sind unsere Werte dagegen insgesamt in der Chance enthalten, sollten wir zugreifen.

Jede Chance enthält einen Gewinn

Trotz sorgfältiger Vorüberlegung gibt es keine Garantie dafür, dass es tatsächlich gut ausgeht, wenn wir die angebotene Chance ergreifen. Deshalb schauen wir oft wie das Kaninchen vor der Schlange nur noch darauf, was wir verlieren, falls sich unsere Entscheidung als falsch erweist. In dem Fall ist es sinnvoll, eine andere Perspektive einzunehmen. Wir haben zwar keine Kontrolle über das endgültige Ergebnis, aber wir können schon jetzt beurteilen, was wir gewinnen, wenn wir uns auf das Unbekannte einlassen.

Katrin, 37, Handelsfachwirtin, ist ehrgeizig. Sie strebt eine Führungsposition an. Doch in ihrer Firma stößt sie an eine gläserne Decke, es geht einfach nicht weiter. Während einer Konferenz unterhält sie sich in der Kaffeepause angeregt mit dem Geschäftsführer einer anderen Firma. Er ist von ihr beeindruckt und macht ihr spontan ein verlockendes Angebot. Katrin bittet sich eine Woche Bedenkzeit aus. Ihre negativen Fantasien blockieren sie jedoch: Was ist, wenn sie in der neuen Firma nicht mit der Verantwortung zurechtkommt? Wenn die sie noch in der Probezeit entlassen? Dann stünde sie mit leeren Händen da. Und wenn ihr das Arbeitsklima nicht gefiele, würde ihr auch die Beförderung und das höhere Gehalt nichts nützen.

Um ihre pessimistische Grübelei zu stoppen, versucht Katrin, die gebotene Chance einmal unter einem positiven Gesichtspunkt zu betrachten: Welche Vorteile eines Wechsels kann sie schon jetzt benennen? Sie wird eine höhere Position bekommen, kann fachlich etwas dazulernen, wird eine andere Arbeitsatmosphäre erleben und damit ihre soziale Kompetenz vergrößern. Und sollte sie tatsächlich in der Probezeit entlassen werden, könnte es für sie immerhin eine wichtige Erfahrung sein, damit fertig zu werden.

Bei diesen Überlegungen löst sich für Katrin der Knoten. Sie entscheidet sich, zu der neuen Firma zu wechseln.

Selbst wenn sich unsere Chance später als Flop erweist – was meist gar nicht der Fall ist –, gewinnen wir durch unsere Entscheidung an Profil und Persönlichkeit, indem wir die entstehenden Herausforderungen bewältigen. In uns wächst die Gewissheit, dass wir Fähigkeiten und Stärke besitzen und selbst mit einem Scheitern fertig werden. Und vor allem: Wir müssen nie bereuen, dass wir es nicht wenigstens versucht haben. So bietet letztlich jede Chance einen Gewinn.

Vorsicht, falsche Chance!

Mit Blick auf Geld oder Anerkennung reden wir uns manchmal ein, es handele sich um eine echte Chance, die wir keinesfalls ungenutzt lassen dürfen. Wir bringen unsere innere Stimme mit rationalen Argumenten zum Schweigen, obwohl sie ziemlich deutlich sagt: Lass die Finger davon. Das geschieht besonders häufig, wenn wir uns von anderen beeinflussen lassen.

Stefan, 41, freiberuflicher IT-Spezialist, bekommt das Angebot, an einem Projekt mitzuarbeiten: Einige junge Unternehmer wollen ein spezielles Online-Dating-Portal einrichten, auf dem man Singles zum Kennenlernen exklusive Events anbieten will – etwa Golfen in noblen Ressorts, Kochkurse mit Spitzenköchen oder luxuriöse Segeltörns. Die Initiatoren fragen Stefan, ob er dafür die Software entwickeln könnte. Ein Honorar gebe es zwar nicht, dafür würde er später am Gewinn beteiligt. Stefan ist zunächst wenig begeistert. »Das ist nicht mein Ding«, sagt er zu seiner Frau Hilke. Die sieht das ganz anders. »Stefan, das ist doch eine Riesenchance. Singlebörsen boomen wie verrückt, und jetzt hast du die Chance, da einzusteigen. Wenn das erst einmal läuft, ist das eine dauerhafte Einnahmequelle, für die du nichts mehr tun musst.« Stefan lässt sich von ihr überzeugen. Er unterzeichnet einen Vertrag, der ihn zur Mitarbeit verpflichtet. Im Verlauf erweist sich das Projekt als äußerst schwierig, zumal die Initiatoren aus einer anderen Branche kommen und von der Materie keine Ahnung haben. So bleibt die meiste Arbeit an Stefan hängen. Das Projekt frisst große Teile seiner Arbeitszeit und blockiert ihn für neue Aufträge. Am Ende stellt sich heraus, dass diese Art von Online-Dating keine Aussicht auf Erfolg hat. Die Unternehmer geben das Projekt auf.

Wir sollten uns niemals darüber hinwegsetzen, falls wir bei dem Gedanken an eine günstige Gelegenheit keine Begeisterung empfinden, sondern nur vernünftige Argumente dafür sprechen lassen. Unser Unterbewusstsein hat das Angebot längst mit unserer Persönlichkeit abgeglichen und uns über unser Unlustgefühl das Ergebnis präsentiert. Das dürfen wir keinesfalls ignorieren. Auf Chancen bezogen hat der US-amerikanische Unternehmensberater Jack Canfield ganz sicher Recht, der klipp und klar sagt: »Wenn du keinen Spaß daran hast, dann lass es.«

Im Wartesaal der Chancen

Wir suchen die passenden Orte auf, arbeiten intensiv, sammeln wichtige Informationen, knüpfen Netzwerke, bilden uns fort – aber die günstige Gelegenheit, bei der wir unsere Fähigkeiten beweisen oder endlich auf unseren Traum zugreifen können, will sich einfach nicht einstellen. Dabei liegt es weder an der Qualität unserer Arbeit noch an unserem Engagement.

Udo, 39, ist Dozent für Philosophie an einer Uni. Er bekommt immer nur befristete Lehraufträge. Bisher gab es keine Chance für eine Festanstellung. Silke, 41, Sekretärin, ist eine bessere Managerin als ihr Chef. Sie möchte endlich in einer höheren Position beweisen, was sie kann. Emmy, 31, arbeitet in einem renommierten Architekturbüro. Sie muss immer die langweiligen Routineaufträge ausführen. Sie wünscht sich die Gelegenheit, einen interessanten Entwurf umzusetzen.

Je länger wir auf eine Chance warten müssen, desto größer ist die Gefahr, dass wir resignieren. Enttäuscht richten wir uns im Status quo ein oder fahren sogar unser Engagement zurück. Zugegeben, es ist schwer, auf die Dauer an sich selbst zu glauben und daran, dass die glückliche Gelegenheit schon noch kommen wird, wenn man bereits lange darauf wartet.

Besonders deutlich zeigt sich das im Leben von Künstlerinnen und Künstlern. Ob sie einen Bestseller schreiben, ihr Film beim Publikum ankommt, ihre Bilder bei Sammlern begehrt sind oder ihre Songs die Charts erreichen, ist nicht allein eine Frage der Qualität. Gerade Kreative sind auf Chancen angewiesen, etwa darauf, dass das Fernsehen sie entdeckt, dass sie einen Mäzen oder den richtigen Verlag finden, dass eine große Zeitung ihr Werk bespricht oder sie durch Mundpropaganda einer breiten Masse bekannt werden. Deshalb trifft sie die Verzögerung der Chancen oft noch mehr als andere und stürzt sie in Selbstzweifel.

Die auf Kuba geborene Malerin Carmen Herrera musste tatsächlich 70 Jahre lang auf ihre Chance warten. Ihre Bilder hatten zwar schon immer eine hohe Qualität, entsprachen aber nicht dem Zeitgeist. Trotzdem malte sie unbeirrt in ihrem Stil weiter. Plötzlich wendete sich das Blatt: Eine reiche Sammlerin entdeckte Carmen

Herreras Gemälde. Jetzt wachten auch die Museen auf. Das MoMA in New York widmete ihr eine Ausstellung. Die inzwischen Hundertjährige wird als Shootingstar der Kunstszene gefeiert.

Jedem von uns kann es passieren, dass die ersehnte Chance auf sich warten lässt. Ob sie tatsächlich niemals kommt, werden wir aber definitiv erst wissen, wenn wir unsere Arbeit aufgeben. Wie heißt es so treffend im Fußball: Das Spiel ist erst zu Ende, wenn es zu Ende ist. Schließlich sind schon Tore in allerletzter Sekunde gefallen. Zumindest theoretisch können wir noch jederzeit eine großartige berufliche Chance bekommen. Es hängt von uns ab, ob wir weiterhin daran glauben und unsere Arbeit mit Begeisterung tun – oder ob wir uns resigniert von der gegenwärtigen Realität ausbremsen lassen und aufgeben. Ein lateinisches Sprichwort ermutigt uns, in diesem Punkt beharrlich zu bleiben. Die alten Römer sagten sich: »Dum spiro, spero.« – »Solange ich atme, hoffe ich.« Damit sollten wir es halten. Wer weiß, vielleicht ist unsere Chance schon näher, als wir glauben.

Freiheit gewinnen

Es gibt viele Menschen, die nicht genug zum Leben haben, und das ist in unserem reichen Land beschämend. Doch der Alltag der meisten wird von einem Zuviel bestimmt: Zu viele Dinge, zu viel Arbeit, zu viele Kontakte, zu viel Ablenkung durch soziale Medien und im wahrsten Sinne des Wortes noch vieles mehr. Wir fühlen uns oft von der schieren Menge überfordert und sehnen uns nach mehr Leichtigkeit und Freiheit. Doch ob wir es wahrhaben wollen oder nicht, wir selbst sind es, die das Zuviel wählen oder zulassen. Keiner verlangt, dass wir uns mit jedem Kleinkram beschäftigen. Ebenso wenig zwingt uns jemand dazu, dass wir ständig auf unser Smartphone schauen oder uns freiwillig mit Personen befassen, die uns ärgern oder langweilen. Wir müssen nicht ständig viel konsumieren oder horten.

Eine innere Unruhe und Überlastung kann uns darauf hinweisen, dass es an der Zeit ist, uns die Handlungshoheit über unser Leben zurückzuholen. Haben wir das erkannt, würden wir sicher gerne mit einem Befreiungsschlag unser ganzes Leben umkrempeln, aber das geht nicht. Doch wenn wir den Wunsch nach Veränderung haben, müssen wir irgendwo beginnen. Da liegt es nahe, mit etwas anzufangen, das eindeutig in unserer Hand liegt: die Gegenstände, mit denen wir uns umgeben. Wenn wir auf diesem Gebiet mit dem Loslassen starten, hat es den großen Vorteil, dass wir sofort einen Effekt sehen und keine weitreichenden Konsequenzen fürchten müssen.

Trotz positiver Aussicht auf Klarheit und Ordnung fällt es uns nicht leicht, uns von Dingen zu trennen. Zum Teil ist das sicher eine Frage des Naturells. In einer TV-Sendung zum Thema Entrümpeln wurden die Interviewpartner simpel in »Wegwerfer« und »Sammler« eingeteilt. Da ist etwas dran. Manchen Menschen fällt es leicht, Dinge zu entsorgen, andere tun sich damit schwer. Aber vom Typ einmal abgesehen bedeutet jede Aufräumaktion neben dem körperlichen Einsatz auch psychischen Stress. Sie konfrontiert uns nämlich mit unserer Einstellung zum Besitz. Beim Entrümpeln stellen wir einiges über uns fest, was wir sonst gut verdrängen können. Vorbehalte und Glaubenssätze, die wir verinnerlicht haben, tauchen auf. Machen wir uns klar, dass es sich dabei nicht um die Zehn Gebote handelt, sondern um Ansichten, die wir von anderen übernommen haben und die wir auch wieder ablegen dürfen. Hier sind die Klassiker der inneren Sperre:

Geschenke darf man nicht wegwerfen: Was jemand mit viel Liebe ausgesucht, gemalt, gebastelt oder gebaut hat, muss man ewig in Ehren halten. Handeln wir dieser inneren Anweisung zuwider, fühlen wir uns schuldig, selbst wenn uns niemand dabei zusieht oder jemals von unserer »Untat« erfährt. Hier gilt es, über den eigenen Schatten zu springen. Es ist kein Zeichen von Lieblosigkeit, wenn wir das selbstgehäkelte Zierdeckchen einer Tante oder den in der Grundschule getöpferten Aschenbecher der Teenagertochter in die Tonne werfen. Nach dem ersten Schuldgefühl-Flash stellt sich meist Erleichterung ein, das Ding los zu sein.

Das war mal teuer: Die Stehlampe von einem bekannten Designer hat damals ein Vermögen gekostet, dabei gibt sie zu wenig Licht. Die Reisetasche aus Leder war hochpreisig. Wir benutzen sie nie, weil ein Trolley mit Rädern viel praktischer ist.

Dass etwas einmal viel Geld gekostet hat, sollte kein Grund sein, es für alle Zeiten aufzubewahren. Entscheidend ist der Wert, den es heute für uns hat. Ist der nicht mehr vorhanden, wird es Zeit, sich von dem Gegenstand zu verabschieden. In solchen Fällen ist Wegwerfen sicher keine Option. Wir können die Dinge verschenken oder im Internet verkaufen.

Das funktioniert noch: Im Schrank steht eine Nudelmaschine, mit der wir garantiert nie mehr Pasta zubereiten werden, weil uns dazu bei unserem anstrengenden Job die Zeit fehlt. Die Digitalkamera ist noch funktionstüchtig, aber selbst im Urlaub machen wir nur noch Aufnahmen mit unserem Smartphone.

Sollen diese Dinge wirklich bis ans Ende unserer Tage nutzlos bei uns herumstehen, nur weil sie nicht kaputt sind? Geben wir sie lieber auf dem Flohmarkt in neue Hände.

Vielleicht braucht man das irgendwann einmal: Die Langlaufskier, die beheizbaren Lockenwickler, der Strampelanzug des inzwischen erwachsenen Sohnes – es ist nicht abzusehen, wann das je wieder zum Einsatz kommt. Ferien machen wir im Süden, wir tragen einen Kurzhaarschnitt und Enkelkinder sind nicht in Sicht. Trotzdem verwahren wir die Sachen, man weiß ja nie.

Diese Einstellung, für alle Eventualitäten gerüstet zu sein, hat vor allem die Kriegsgeneration verinnerlicht. Das ist verständlich, denn eine intensive Erfahrung von Mangel prägte damals das Verhalten. Nachkommen, die in wesentlich üppigeren Verhältnissen aufgewachsen sind, sollten im Namen der Freiheit die Hamstermentalität ablegen.

Man könnte es bereuen: Der Mantel, den wir in den Second-Hand-Laden gegeben haben, würde gut zu dem neuen Kleid passen. Zu dumm, dass wir die Crêpes-Pfanne verschenkt haben, weil sie so sperrig war. Jetzt haben wir in einer Zeitschrift leckere Rezepte gefunden und würden sie gerne ausprobieren.

Dass es uns später leidtut, etwas entsorgt zu haben, kommt allerdings weitaus seltener vor, als wir glauben. Meist weinen wir den Dingen keine Träne nach. Sollten wir ein Teil wirklich in ferner Zukunft sehr vermissen, können wir es uns in den meisten Fällen neu beschaffen, und dann meist in einer aktuelleren Ausführung.

Ein weiteres Handicap beim Aussortieren ist, dass wir dabei auf Erinnerungen stoßen. Denn wenn es sich um Gegenstände aus glücklichen Phasen unseres Lebens handelt, kommt Wehmut auf.

Das habe ich selbst bei meiner Sammlung von Langspielplatten erlebt. Fast jede hatte ihre Geschichte und die war beim Durchsehen sofort präsent. Ich dachte: Wo ist nur die Zeit geblieben? Am liebsten hätte ich alle behalten, obwohl ich in den vergangenen Jahren keine einzige abgespielt hatte.

Noch schwieriger ist es, wenn die Erinnerungen schmerzhaft sind. Die Auslöser verbergen sich meist in Kartons im Keller, auf dem Speicher oder im Schlafzimmerschrank. Etwa Briefe und Fotos von ehemals geliebten Menschen, Tagebücher aus schweren Zeiten, Kleidung von Verstorbenen. Trotzdem sollten wir uns daranwagen. Dann wird aus dem Aussortieren gleichzeitig ein Abschiedsritual. Wichtig ist, dass wir uns danach wieder aus der Rückschau lösen, indem wir uns klarmachen, dass die Vergangenheit endgültig vorbei ist.

Aussortieren mit System

»Habe nichts in deinem Haus, von dem du nicht glaubst, dass es nützlich oder schön ist.« Diese Aussage des englischen Künstlers William Morris ist schon ein guter Hinweis. Doch wenn wir erfolgreich aussortieren wollen, brauchen wir eine konkrete Anleitung, die uns Versuch und Irrtum erspart. Sonst sitzen wir am Ende zwischen Dingen, die wir aus Schränken und Schubladen gezerrt haben, und wissen nicht weiter. Damit das nicht passiert, bieten sich eine Reihe bewährter Tipps fürs Aufräumen und Entrümpeln an.

Häufig empfohlen wird die »Drei-Kisten-Methode«. Die erste Kiste mit der Aufschrift »Wegwerfen« ist für Kaputtes und Überflüssiges bestimmt. Kiste Nummer zwei, markiert mit »Zu verschenken«, nimmt alles auf, was man selbst nicht mehr braucht, für andere aber noch nützlich sein könnte, wie gut erhaltene Kleidung oder Geräte. Die dritte Kiste, »Behalten«, ist ein Zwischenlager für Dinge, die später wieder eingeräumt werden. Mit dieser Methode lassen sich Gegenstände sinnvoll sortieren. Sie setzt allerdings voraus, dass wir uns sicher sind, was in welche Kiste gehört.

Oder man befolgt die Regel, jeden Tag ein Teil wegzuwerfen. Das kann für vielbeschäftigte Menschen oder diejenigen, die mit Loslassen ein großes Problem haben, ein passender Einstieg sein. Nur ein einziges Teil zu entsorgen bekommen wir schließlich immer hin. Doch insgesamt braucht man dazu einen langen Atem. Wer viele Gegenstände gehortet hat, dürfte Monate damit beschäftigt sein. Da geht schnell der Schwung verloren.

Manche schwören auch darauf, alles zu entsorgen, was man ein Jahr lang nicht gebraucht hat. Sicher ist das sinnvoll für so manchen Gegenstand, von dem man weiß, dass man auch in Zukunft nie mehr auf ihn zugreifen wird. Doch nur die Zeit als Kriterium zum Aussortieren zu nehmen, ist kritisch. Was ist zum Beispiel mit einem Abendkleid? Bloß weil sich im vergangenen Jahr keine Gelegenheit für einen großen Auftritt ergeben hat, muss es ja nicht gleich weg. Ebenso wenig wie der Winkelschleifer im Werkzeugkasten, der zwölf Monate lang nicht gebraucht wurde. Hier sollte man zumindest überprüfen, ob es nicht nur an der Möglichkeit für einen Einsatz gefehlt hat, die aber durchaus noch kommen kann.

Aufräumen mit dem Glücksfaktor

Von diesen Aufräumtechniken, so nützlich sie auch sein mögen, hebt sich die Methode ab, die die Japanerin Mari Kondo entwickelt hat. Kondo ist in Japan die Nummer eins in Sachen Aufräumen und mit Leidenschaft als Aufräum-Coach tätig. Nach ihren Angaben beträgt die Anzahl der Dinge, die ihre Klienten bisher entsorgt haben, locker eine Million. Bei ihrer »KonMari«-Methode geht es nicht um die Frage: Ist das Teil noch gut erhalten? War es mal teuer? Ist es wertvoll? Könnte ich es später vielleicht noch gebrauchen? Entscheidend ist vielmehr: Macht mich dieses Teil glücklich? Das subjektive Gefühl von Erfüllung und Glück als Kriterium zu nutzen, hat einen guten Grund: Ziel des Aufräumens ist nur vordergründig, Ordnung zu schaffen. In Wahrheit geht es darum, sich wohlzufühlen und eine Vision von Freiheit umzusetzen.

Für unsere Wohnung war diese Methode ein Gewinn. Es gab da nämlich einen Bereich, der mir langsam über den Kopf wuchs: Bücher. Sie füllten Regale im Flur, in der Küche, im Wohnzimmer, im Schlafzimmer und sowieso im Arbeitszimmer bis unter die Decke. Allmählich fühlte ich mich von der Menge schier erdrückt. Mit dem Glückskriterium ging ich es nun endlich an. Ich gebe zu, als sich sämtliche Bücher auf dem Boden stapelten und ich mir kaum noch einen Weg zur Tür bahnen konnte, fragte ich mich schon, wie ich diese Menge jemals bewältigen sollte. Aber gleichzeitig war es auch wie eine herausfordernde Bergbesteigung mit Blick auf den Gipfel. Ich nahm jedes Buch einzeln in die Hand und blätterte darin. Unglaublich, was sich über die Jahre angesammelt hatte, von wissenschaftlich längst überholter Fachliteratur bis zu Theodor Storms gesammelten Werken. Fast Zweidrittel der Bücher entsorgte, spendete und verschenkte ich. Nach einem Wochenende harten Sortierens war die Wohnung nicht mehr wiederzuerkennen. Die vorher düster wirkenden Regalwände zeigten jetzt Leerstellen, in die dekorative

Dinge passten. Die Räume wirkten viel leichter und heller. Erstaunlicherweise hatte ich dank der neuen Übersichtlichkeit das Gefühl, sogar mehr Lektüre zu haben als vorher. Ich griff gerne ein Buch heraus, um es noch einmal zu lesen.

Beim Aufräumen geht man nach Kategorien vor, etwa Bücher, Kleidung oder Werkzeug. Angenommen, wir wollen unsere Kleider sortieren: Zunächst suchen wir sämtliche Kleidungsstücke zusammen, auch diejenigen, die im Keller oder auf dem Speicher verstaut sind, und legen sie auf einen großen Haufen. Anschließend nehmen wir jedes einzelne Stück in die Hand und überprüfen es auf sein Glückspotenzial. Hat es keines, wird das Teil gnadenlos aussortiert. Natürlich gibt es auch Dinge, die einfach nur nützlich sind und einen nicht gerade euphorisch stimmen, wie ein Brotmesser oder ein Aktenordner. Die lassen sich immerhin danach beurteilen, ob sie formschön sind und Qualität haben. Doch alle anderen Gegenstände müssen den individuellen Glückstest bestehen.

Das klingt vielleicht etwas abgehoben, aber es funktioniert. Wir besitzen nämlich ein tiefes Wissen, was gut für uns ist und uns erfreut. In dem Moment, in dem wir ein Teil in die Hand nehmen und es bewusst anschauen, sagt uns unsere Intuition, wie wir wirklich zu ihm stehen. Hier ist nicht der Kopf gefragt, sondern das Herz. Dabei darf uns niemand vorschreiben, was wir zu empfinden haben. Die Einschätzung ist absichtlich völlig subjektiv. Eine Vase mag objektiv gesehen wunderschön sein, so dass andere sagen: Die musst du unbedingt behalten. Aber wenn wir sie nicht vermissen würden: weg damit. Das Kleid passt uns nicht mehr und unsere Freundin rät: Gib das in die Altkleidersammlung. Doch uns erinnert es lebhaft an eine wunderbare Zeit – wir behalten es als Souvenir. Nur wir können beurteilen, was wert ist, bei uns zu bleiben. Deshalb leuchtet es sicher auch ein, dass wir uns nicht an den Dingen unserer Mitbewohner, Partner, Kinder vergreifen dürfen. Sie müssen selbst entscheiden, was sie glücklich macht. Jeder sortiert für sich.

Wir können uns nach und nach sämtliche Kategorien vornehmen: Kleidung, Accessoires, Schuhe, Wäsche, Mobiliar, Haushalts- und Sportgeräte, Geschirr, Spiele, Souvernirs, Briefe, Fotos, Dokumente, Büroartikel, Werkzeug und Zeitschriften. Es wird eine Weile dauern, aber am Ende sind wir nur noch von Dingen umgeben, die wir lieben, über deren Anblick wir uns freuen und die wir gerne verwenden. Alle diese Gegenstände haben eine positive Ausstrahlung und das wirkt sich unmittelbar auf unsere Stimmung aus.

Dinge nach dem Glücksprinzip zu sortieren, bedeutet mehr, als bloß Ordnung zu schaffen, es ist ein Weg zur Selbsterkenntnis. Wir machen gleichzeitig eine Inventur unserer Persönlichkeit. Indem wir uns beim Aufräumen immer wieder fragen, ob uns dieser Gegenstand glücklich macht, ob er zu uns passt und uns nützt oder nicht, entwickeln wir nach und nach ein sicheres Gespür dafür, was uns ein positives Gefühl vermittelt. Wir erkennen immer schneller, was uns guttut, und können das auch auf andere Lebensbereiche übertragen, etwa auf unsere Arbeit oder den Kontakt mit Menschen, mit denen wir uns freiwillig umgeben. Überflüssige Dinge loszulassen bewirkt eine Veränderung in unserem Bewusstsein. Eine entrümpelte Wohnung kann der Start in ein neues Leben sein.

Klammere dich nicht an Sicherheit

Man attestiert uns Deutschen gerne eine diffuse Furcht vor allem, was passieren könnte. Sie ist offenbar so typisch, dass man international dafür sogar schon den Begriff »German Angst« geprägt hat. Da muss wohl etwas dran sein, denn wir versichern uns übermäßig gegen alle Eventualitäten. Vollkasko-Deutsche schützen mit einer

Police ihre Brille, ihr Handy, Fensterscheiben und Reisegepäck, wappnen sich gegen Krankheit im In- und Ausland, Unfälle und Beerdigungskosten. Sogar eine Hochzeitsrücktrittkostenversicherung wird gerne genommen. Dabei werden von Profis nur die Haftpflicht und eine Absicherung gegen Berufsunfähigkeit als unverzichtbar empfohlen.

Das Bedürfnis nach Sicherheit mag national übertrieben sein, aber es ist zutiefst menschlich. In der »Bedürfnispyramide« des US-Psychologen Abraham Maslow bildet es zu Recht den Sockel, direkt nach Grundbedürfnissen wie Nahrung und Schlaf. Wir brauchen in unserem Leben eine gewisse Stabilität. Dazu gehören Recht und Ordnung, Schutz vor Gefahr, soziale Absicherung und Verlässlichkeit der Menschen in unserer Umgebung. Vermutlich würden wir krank oder verrückt, fänden wir jeden Tag zuhause oder im Job völlig neue Bedingungen vor. Es ist gut und richtig, dafür zu sorgen, dass unser Alltag uns eine komfortable Beständigkeit bietet.

Aber die Medaille hat eine Kehrseite: Setzen wir allzu sehr auf Sicherheit, verleugnen wir eine Grundlage des Lebens. Sein Gesetz ist der Wandel. »Panta rhei«, alles fließt, wusste schon der antike Philosoph Heraklit. Womit er die Erkenntnis knapp zusammenfasste, dass sich Dinge ständig verändern. Wir müssen uns nur umschauen, dann finden wir dafür jede Menge Beweise, etwa im Verblühen der Blumen, im Wetter, im Wechsel der Jahreszeiten, in der äußeren Veränderung beim Älterwerden. Aber auch in unseren Gefühlen, in der Entwicklung der Computertechnik, der Änderung im Musikgeschmack oder jeder Zelle in unserem Körper – nichts auf dieser Welt ist von Dauer. Wie lange ein Zustand anhält, ist allerdings unterschiedlich. Manchmal sind es einige Jahre. Das verführt uns zu dem Glauben, wir könnten etwas konservieren.

Sicherheit ist eine Illusion

Natürlich ist es legitim, sich dafür einzusetzen, dass ein angenehmer Zustand erhalten bleibt. Wer einen guten Job hat, sollte sein Bestes geben, damit er ihn behält. Wer die große Liebe gefunden hat, muss sie pflegen, damit sie nicht so schnell vergeht. Kritisch wird es erst, wenn Sicherheiteinziger Maßstab ist und wir alles dafür tun, den Status quo zu erhalten. Dann versuchen wir, das Leben abzuschalten. Das macht das Leben nicht mit. Früher oder später zeigt es uns, dass der Glaube an Sicherheit ein Trugschluss ist, und katapultiert uns ins Ungewisse.

Lena, 52, Redakteurin bei einer großen Frauenzeitschrift, ist bisher davon ausgegangen, dass sie bei dem Blatt bis zur Rente angestellt sein wird. Dann kommt eine grundlegende Veränderung: Die Redaktion wird umgebaut, statt wie bisher in Einzelbüros müssen nun alle in einem Großraumbüro arbeiten. Lena leidet darunter. Wenn sich ihre Kolleginnen unterhalten oder telefonieren, kann sie sich nicht konzentrieren. Nach Feierabend sitzt sie mit Kopfschmerzen in der U-Bahn. Eigentlich hätte sie unter diesen Bedingungen kündigen müssen, doch sie beißt die Zähne zusammen. Eine feste Stelle und ein gutes Einkommen gibt man doch nicht einfach auf. Einige Zeit später kommt ein weiterer großer Umbruch im Verlag. Auf Grund von Sparmaßnahmen beschließt der Vorstand, die gesamte Redaktion – ausgenommen die Leitung der Ressorts – komplett aufzulösen. In Zukunft will man die Zeitschrift mit freien Mitarbeiterinnen weiterführen. Lena bekommt eine bescheidene Abfindung und wird entlassen.

Auch im Privatleben gibt es keine Garantie auf Sicherheit. Davon können die Frauen und Männer ein Lied singen, die aus Bequemlichkeit oder Angst vor einer einsamen Zukunft an einer emotional erkalteten Beziehung festhielten und dann von ihrem Partner oder der Partnerin gegen eine neue Liebe ausgetauscht wurden. Oder

Mütter und Väter, die darauf setzten, dass ihre Kinder sich im Alter um sie kümmern würden, und die sich dann in einem Pflegeheim wiederfanden.

Jeder Tag kann für uns gravierende Veränderungen bringen, an die wir nicht im Traum gedacht haben.

Auf meinem Weg ins Büro komme ich an einem Haus vorbei, in dem etwa 20 Familien wohnen, ein imposanter Altbau aus roten Klinkersteinen. An einem Morgen sah ich auf dem Hinweg, dass auf dem Dach etwas repariert wurde. Als ich am Abend zurückkam, war plötzlich die halbe Straße gesperrt. Jede Menge Polizei und drei Feuerwehrautos standen vor dem Haus. Bei Schweißarbeiten war ein Brand ausgebrochen, der blitzschnell den ganzen Dachstuhl erfasste. Die Feuerwehr musste mit so viel Wasser löschen, dass anschließend sämtliche Wohnungen unbewohnbar waren. Keiner durfte mehr das Haus betreten. Innerhalb von Stunden war das Leben der Bewohner komplett auf den Kopf gestellt worden. Ihr Eigentum war ruiniert, sie besaßen nur noch, was sie am Leibe trugen, und mussten für lange Zeit bei Freunden, Verwandten oder im Hotel unterkommen.

Doch das Leben gibt einem nicht nur Saures. Ebenso überraschend kann es zu einer »positiven Katastrophe« kommen. So nannte es die Psychologin Ute Ehrhardt, nachdem sie unerwartet mit ihrem Ratgeber »Gute Mädchen kommen in den Himmel, böse überall hin« den Nerv der Zeit getroffen und einen Mega-Bestseller gelandet hatte. Das muss man erst einmal verarbeiten. Ähnlich wie Lottogewinner, die von heute auf morgen aus ihrem bescheidenen Dasein in die Welt der Reichen katapultiert werden.

Ob es sich um negative oder positive Ereignisse handelt – Sicherheit gibt es nicht wirklich, zumindest nicht auf Dauer. Das soll uns aber nicht verunsichern (man beachte das Wortspiel!), sondern eher locker machen und dazu führen, dass wir lernen, keine Angst vor Veränderungen zu haben.

Zur Beruhigung ist eine Rückschau nützlich. Sie zeigt uns nämlich, dass wir stärker und mächtiger sind, als wir glauben. Wann sind wir in unserem Leben bereits wie Phönix aus der Asche wieder auferstanden? Etwa nach einem heftigen Liebeskummer. Wie haben wir damals die Kündigung bewältigt? Nach Schock und Tränen haben wir eine neue Aufgabe gefunden. Wie war das mit der Operation, vor der wir solche Angst hatten? Wir haben sie überstanden und daraus gelernt, gesünder zu leben. Wohl die meisten von uns stellen fest, dass wir weitaus flexibler und fähiger sind, als uns normalerweise bewusst ist. Wir dürfen uns auf uns selbst verlassen, auf unsere Anpassungsfähigkeit, unsere Kreativität in neuen Situationen, unseren Überlebenswillen, unser Krisenmanagement.

Allerdings können wir uns auch durch kluge Vorausschau mehr Sicherheit verschaffen. Der Wirtschaftswissenschaftler Harry Markowitz bekam für seine Theorie den Nobelpreis. Bereits in den 1950er Jahren wies er nach, dass eine breite Streuung auf mehrere Anlageklassen wie Aktien, Anleihen, Gold oder Immobilien das Risiko im Depot senkt. Wer sein Vermögen etwa nur in Aktien investiert, geht ein enormes Wagnis ein. Stürzen die Aktienbörsen ab, rauscht auch der Depotwert in die Tiefe. Wer dagegen breiter investiert, kann den Verlust abfedern. »Nicht alle Eier in einen Korb legen«, lautet deshalb eine bekannte Börsenweisheit. Diese goldene Regel der Kapitalanlage kann uns auch für andere Gebiete eine gewisse Sicherheit geben. Wir sollten darauf achten, dass wir nicht einem einzigen Lebensbereich übermäßig Platz einräumen und die übrigen verkümmern lassen. Ob Arbeit, Familie, Partnerschaft, enge Freundschaft – wir sollten nie allein auf einen einzigen Bereich setzen, sondern immer bedenken, dass es da jederzeit eine gravierende Veränderung geben kann und wir dann mit leeren Händen dastehen.

Wie Barbara, 47, Physiotherapeutin in einer Gemeinschaftspraxis. Sie übernimmt sämtliche schweren Fälle und sagt selten nein, wenn sich ein neuer Patient meldet und Hilfe braucht. Hat sie endlich Feierabend, fühlt sie sich erschöpft und ausgelaugt. Ihre Freunde haben längst aufgegeben, zu fragen, ob sie etwas mit ihnen unternehmen will. Sie wissen schon, dass sie sowieso mit der Entschuldigung ablehnt, sie sei zu müde. Als Barbara einen schweren Bandscheibenvorfall erleidet und für längere Zeit nicht mehr arbeiten kann, fällt sie in ein tiefes Loch. Es ist sinnvoll, vorzusorgen und die eigenen Interessen breiter zu streuen. Fällt die Arbeit weg, kann uns die Familie auffangen. Zerbricht die Liebe, unterstützen uns Freunde. Verändert sich der Freundeskreis, füllt vielleicht ein Ehrenamt oder Hobby die Lücke. Verlässt uns ein wichtiger Kunde, bleiben noch andere Auftraggeber.

Raus aus der Komfortzone

Unsere Gewohnheiten und Einstellungen verdichten sich zu unserer Komfortzone. Darin ist uns alles vertraut und das gibt uns ein Gefühl von Sicherheit. Etwa: Wir rufen unsere Eltern immer am Wochenende an. Wir trainieren regelmäßig im Fitnessstudio. Urlaub machen wir jedes Jahr im Süden. Wir gehen zwar nicht mehr zur Kirche, treten aber auch nicht aus. Wir hören am liebsten klassische Musik. Wir essen nur Biofleisch.

Innerhalb unserer Grenzen haben wir uns bequem eingerichtet, nach dem Motto: »So bin ich und so bleibe ich.« Daran ist im Prinzip nichts auszusetzen, vor allem, wenn wir damit zufrieden sind. Wenn wir jedoch unser Leben auffrischen und uns weiterentwickeln wollen, empfiehlt es sich, die Rahmenbedingungen zu überprüfen. Sind wir wirklich so glücklich mit dem Revier, in dem wir uns bewegen?

Obwohl er erst 34 Jahre alt ist, hat Sebastian bereits eine beeindruckende Karriere als Fotograf gemacht. Alles läuft perfekt. Was will er also in meiner Coachingpraxis? Trotz aller Erfolge wirkt er niedergedrückt. Sebastian leidet an Lustlosigkeit. Er hat keine echte Herausforderung mehr. Keine Aufregung, kein Herzklopfen, keine

Angst vorm Scheitern. Er weiß, was er kann, und darüber geht er nicht hinaus. Das muss er auch nicht, weil seine Auftraggeber völlig zufrieden sind. Nur seine Seele ist es nicht. Ich stecke mit ihm seine Komfortzone ab und frage nach, was für ihn außerhalb des Gewohnten liegt. Wir erstellen eine Liste großer und kleiner Wagnisse. Dann bekommt er den Auftrag, in den nächsten vier Wochen jeden Tag einen Punkt von dieser Liste abzuarbeiten. Das reicht von »einen berühmten Kollegen kontaktieren« bis »einer konservativen Redaktion eine ungewöhnliche Bildstrecke vorschlagen«. Sebastian lässt sich darauf ein. Nach vier Wochen erscheint er wieder in meiner Praxis, mit leuchtenden Augen und federnden Schritten. Das Rezept hat gewirkt, er fühlt sich wieder lebendig.

Spätestens wenn das Funkeln aus unseren Augen verschwunden ist, wird es Zeit, dass wir einen Teil unserer Sicherheit aufgeben und Neues wagen.

Unsere Scheu, eine große Veränderung zu wagen, stammt meist noch aus jungen Jahren. Wer von uns hat es schließlich als Kind erlebt, dass Mama uns sagte: »Viel Spaß, mein Schatz. Riskier heute mal etwas!« Wohl kaum jemand. Stattdessen haben wir tausendmal gehört: »Sei vorsichtig«, »Pass gut auf«. Die meisten Eltern wünschen sich Sicherheit für ihre Kinder und arbeiten mit allen Mitteln daran. Wie die Eltern meiner Freundin Sabine, die in einem kleinen Ort in Bayern aufgewachsen ist. Als ihre künstlerisch begabte Tochter auf die Hochschule für bildende Künste nach Berlin wollte, um Malerin zu werden, bekam die Mutter eine Herzattacke und der Vater drohte: »Wenn du das tust, setzt du das Leben deiner Mutter aufs Spiel.« Sabine verzichtete und ergriff einen sicheren Beruf als Lehrerin.

Das heißt natürlich nicht, dass wir unsere Eltern bis heute dafür verantwortlich machen dürfen, wenn wir in der Komfortzone bleiben. Es ist nur gut zu wissen, dass wir die Zurückhaltung gelernt haben und dass es uns von Hause aus schwerfällt, ein Risiko einzugehen. Wir hätten gerne die Garantie, dass wir nicht scheitern. Kein

Geld verlieren, nicht pleitegehen, nicht ausgelacht werden, uns nicht schämen müssen, nicht reumütig zurückkehren und hören: Das habe ich dir ja gleich gesagt.

Ungewissheit ist der Preis

Wer eine große Veränderung anstrebt, etwa ins Ausland geht, ein Kind adoptiert, den Beruf wechselt, sich scheiden lässt, sich selbstständig macht, das Studium abbricht, sich in ein Kloster begibt, kündigt, um einen Roman zu schreiben, in die Politik geht oder eine Firma gründet, der muss eine Zeit der Ungewissheit überstehen. In der entscheidet sich, ob die Veränderung ein Desaster wird oder eine strahlende Verbesserung. Diese Phase auszuhalten ist der Preis dafür, dass wir unser Leben so gestalten, wie es uns vorschwebt. Dass wir unsere Träume wahrmachen oder es zumindest versuchen. Von dem französischen Schriftsteller André Gide stammt der kluge Satz: »Man entdeckt kein Neuland, wenn man nicht bereit ist, die Küste lange aus den Augen zu verlieren.« Vielleicht sieht unser Neuland am Ende anders aus, als es geplant war, aber wir haben es gewagt, in See zu stechen. Mutig wie die Bremer Stadtmusikanten, die eine unerträgliche Situation mit dem Satz verließen: »Etwas Besseres als den Tod finden wir allemal.« Wer Sicherheit aufgibt und Veränderung wagt, findet das Leben.

Angst ist die Bremse, die uns daran hindert, ein Risiko einzugehen. Im Prinzip können wir für dieses Gefühl dankbar sein. Es handelt sich um ein Warnsystem, das uns vor echten Gefahren für Leib und Leben schützt. Doch während diese Angst real und sinnvoll ist, gibt es auch eine Angst, bei der sich die Katastrophen lediglich in unserer Fantasie abspielen. Diese Angst ist mit dem Spruch gemeint: »Da, wo die Angst ist, da geht´s lang.« Es ist wichtig, auf sie zu achten und sie als Wegweiser zu identifizieren. Mit ihr haben wir einen guten Indikator dafür, dass wir an die Grenze unserer Komfortzone gestoßen sind. Genau an diesem Punkt gilt es weiterzumachen und nicht mit einer Ausrede abzubrechen.

Die New Yorker Psychologin Susan Jeffers lehrt in Seminaren, wie man seine Angst überwinden kann. Dabei stößt sie immer wieder auf einen Trugschluss: Wir glauben, wir müssten zunächst unsere Angst überwinden und könnten dann frei agieren. Doch die Angst, etwas zu tun, werden wir nur los, wenn wir handeln. Wollen wir unsere Angst überwinden, müssen wir mit dem Wenn-dann-Spiel aufhören. »Wenn ich mich sicherer fühle, dann …«, »Wenn ich mehr Selbstbewusstsein habe, dann …«, »Wenn ich es besser kann, dann …«. Erst müssen wir handeln, unsere gewohnten Grenzen überschreiten. In der Folge gewinnen wir mehr Mut und Selbstvertrauen. Die Angst lässt sich nicht am grünen Tisch wegdenken, wir können sie nur in der Praxis verlieren, indem wir uns ihr stellen. Susan Jeffers bringt das auf die eingängige Formel: Habe Angst – und tu es trotzdem. Dann finden wir eine neue Sicherheit – in uns selbst.

Denke zuerst an dich

»Kinder mit ′nem Willen kriegen was auf die Brillen« – mit dieser Ansage wurde früheren Generationen beigebracht, dass ihre eigenen Interessen weniger zählen als die der anderen. Dieser Erziehungsstil ist zum Glück überholt. Aber obwohl es heute freundlicher zugeht und der Druck subtiler ist, lernen Kinder nach wie vor: Verhalte dich, wie man es von dir erwartet, dann bekommst du Lob und Zuneigung. In mehr oder minder starkem Maße erleben sie, dass die Eltern Wünsche, Meinungen oder Gefühläußerungen, die ihnen nicht passen, ablehnen und darauf mit Liebesentzug oder gar mit Strafen reagieren. Aus Angst, es könnte die Zuneigung der Eltern verlieren, strengt sich das Kind besonders an, ihnen zu gefallen. Je häufiger es sich anpassen muss, desto mehr verliert es das Gefühl dafür, was es selbst will, und desto stärker orientiert es sich daran, was andere von ihm erwarten.

Der Einfluss wirkt nach bis ins Erwachsenenalter. Vielen von uns fällt es schwer, Forderungen zu stellen, jemandem einen Wunsch abzuschlagen oder Grenzen zu setzen. So kommt es im Alltag immer wieder vor, dass wir zurückstecken: Wir sehen ein, dass wir als Single die Schicht über die Weihnachtsfeiertage übernehmen sollen, weil der Kollege mit seiner Familie feiern möchte. Dann sagen wir halt unseren geplanten Besuch bei Freunden ab. Wir erklären uns bereit, unseren dementen Vater zu betreuen, weil sich die Geschwister dazu nicht in der Lage fühlen. Wir füttern jeden Tag den Kater unserer Freunde, während sie im Urlaub sind. Dass wir dadurch selbst ans Haus gebunden sind, ist natürlich nicht so schön, aber wir möchten sie nicht enttäuschen.

Erstmals konnte man es nun per Hirnscan nachweisen, dass Frauen offenbar altruistischer als Männer sind. Nicht etwa, weil sie die besseren Menschen sind, sondern weil ihr Belohnungszentrum im Gehirn dabei stärker aktiviert wird. Das ergab eine neurologische Studie der Universität Zürich. Das Forscherteam führte mit männlichen und weiblichen Versuchspersonen einen Verhaltenstest durch, während diese im Kernspintomographen lagen. Sie mussten entscheiden, ob sie eine Geldsumme für sich allein behalten oder sie zwischen sich und einem anonymen Mitspieler aufteilen wollten. Das Geld wurde sofort ausgezahlt. Währenddessen beobachtete man die Aktivität des Hirnareals, das für Belohnung zuständig ist und durch die Ausschüttung von Glückshormonen für gute Gefühle sorgt. Dieser Hirnbereich war bei Frauen aktiver, wenn sie das Geld teilten. Bei Männern hingegen, wenn sie eine egoistische Entscheidung trafen. Die Forscher betonen allerdings, dass die unterschiedlichen Reaktionen des Gehirns nicht angeboren sind, sondern sich durch die kulturellen Erwartungen an Männer und Frauen erklären lassen. Das Belohnungssystem ist stark mit Lernprozessen verbunden, und Frauen lernen, dass sie eher eine Belohnung für soziales als für egoistisches Verhalten bekommen.

Wir Frauen müssen also besonders aufpassen, dass wir nicht in die Gutmenschen-Falle tappen, nur weil unser Belohnungssystem anspringt. Doch auch Männer sind keineswegs nur knallharte Egoisten, wie das Experiment nahelegen könnte. Sie sind genauso gefährdet, ihre Bedürfnisse zurückzustellen, allerdings geschieht das eher unter anderen Bedingungen. Sie übernehmen sich, wenn jemand, der ihnen nahesteht, ihre Stärke oder Fürsorge benötigt oder ihr Beschützerinstinkt angesprochen wird.

Georg, 28, Lehrer, hilft seinem Freund Michael, eine schwere Waschmaschine in den dritten Stock zu tragen, obwohl er Rückenprobleme hatte. Prompt liegt er am nächsten Tag flach.

Philipp, 54, Geschäftsmann, unternimmt mit dem Auto eine anstrengende Fahrt von Hamburg nach Freiburg, nur um seiner dort studierenden Tochter eine Kommode zu bringen, die sie gerne haben will.

Männer unterdrücken auch oft ihre eigenen Bedürfnisse, wenn sie sich innerhalb einer Hierarchie auf einer niedrigeren Stufe sehen. Stärker als Frauen orientieren sie sich daran, wer das Sagen hat, und richten sich danach aus.

Wer isst den vierten Keks?

Verhaltensforscher haben ein interessantes Experiment gemacht: Sie luden drei Personen zu einem Meeting ein. Angeblich ging es um berufliche Fragen. Zwei Teilnehmer sollten ein Problem gemeinsam lösen, während der dritte Proband den Auftrag erhielt, das Ergebnis zu überprüfen. Er war also von seiner Position her in der Dreiergruppe der Boss. Am Ende des Treffens wurde ein Teller mit fünf leckeren Keksen serviert. Was die Versuchspersonen nicht wussten: Dabei handelte es sich um das Experiment. Natürlich ging es nicht darum, wem das Gebäck am besten schmeckt. Die Frage war: Wenn sich bereits jeder einen Keks genommen hat, wer isst dann den vierten? Den letzten Keks liegen zu lassen, verlangte die gute Erziehung, den würde keiner anrühren, aber der vierte stand zur freien Verfügung. Es war der »Boss«, der ganz selbstverständlich zulangte. Das Experiment wurde mehrfach mit anderer Besetzung wiederholt, immer mit dem gleichen Ergebnis: Den vierten Keks verputzte die dominante Person in der Runde. Das Fazit der Forschergruppe: Dominanz, ob sie nun berechtigt ist oder nicht, verringert die Hemmung und führt dazu, sich egoistisch zu verhalten.

Unter Frauen hätte das anders ausgesehen. Vermutlich hätte eine gefragt: »Kann ich den Keks essen oder möchte den eine von euch?« Offenbar erkannten die Männer klaglos die vorgegebene Rangordnung an und steckten zurück. Das Experiment lässt meiner Ansicht nach auch den Schluss zu, dass Männer in einer vermeintlich unterlegenen Position die eigenen Interessen unterdrücken.

Sicher gibt es viele gute Gründe, gelegentlich das Wohl der anderen über das eigene zu stellen: Wir wollen eine harmonische Zusammenarbeit nicht gefährden. Wir möchten niemanden kränken oder verletzen. Uns liegt daran, eine private oder berufliche Beziehung zu erhalten. Wir fühlen uns ethischen Werten verpflichtet. Wir möchten Anerkennung und Lob.

Solange wir uns bewusst dafür entscheiden, ist das völlig in Ordnung. Doch meist ist es so, dass es uns zur zweiten Natur geworden ist, andere wichtiger zu nehmen. Damit handeln wir gegen uns selbst und tun auch letztlich unserer Umgebung nichts Gutes. Bevor wir uns nämlich mit Hingabe für andere einsetzen können, müssen wir uns erst einmal selbst lieben. Nicht umsonst lautet das biblische Gebot: »Liebe deinen Nächsten wie dich selbst.« Leider wird der zweite Teil in falsch verstandener Nächstenliebe meist ignoriert. Als Pastorentochter weiß ich, wovon ich spreche!

Verinnerlichte Verhaltensweisen abzulegen erfordert ein großes Maß an Bewusstsein, um die fraglichen Situationen überhaupt wahrzunehmen und sich nicht automatisch anzupassen. Sich von gewohntem Verhalten zu lösen, kostet einiges an Mut. Es gibt Konflikte. Wir müssen Konsequenzen tragen, die nicht immer angenehm sind. Man wird uns als egoistisch bezeichnen. Das ist der Preis für die Veränderung. Aber das ist nichts gegen den Gewinn! Wir werden uns schließlich stolz und unfassbar gut fühlen.

»Me first« in der Praxis

Die Einstellung »Ich darf zuerst an mich denken« ist die mentale Basis. Doch das muss dann auch praktisch umgesetzt werden. Dafür hat die Psychologie bewährtes Handwerkszeug parat. Es hilft, sich diplomatisch abzugrenzen und Ablehnung so elegant zu verpacken, dass eine gute Beziehung erhalten bleibt. Oder Forderungen so zu stellen, dass unser Gegenüber verlockt wird, sie zu erfüllen. Diese Tools sollte man sich rechtzeitig aneignen, damit sie jederzeit zur Verfügung stehen:

Einen Zeitpuffer dazwischenlegen: Oft springen wir automatisch auf eine Bitte oder einen Vorschlag an und ärgern uns im Nachhinein darüber. Das lässt sich vermeiden, indem man zwischen die Anfrage und eine eventuelle Zusage einen Zeitpuffer einbaut.

Marita, 59, hat ein Kosmetiksalon. Die Arbeit war mal wieder anstrengend und sie ist froh, dass sie sich am Wochenende erholen kann. Am Freitag ruft ihre Schwiegertochter an und fragt, ob sie auf den dreijährigen Leon aufpassen könnte. »Die jungen Leute brauchen ja auch mal Zeit für sich«, denkt Marita und sagt sofort zu, obwohl es ihr gar nicht passt.

In solchen Fällen ist es sinnvoll, sich eine Bedenkzeit auszubitten: »Ich überlege es mir und melde mich wieder« oder »Ich werde in meinen Kalender schauen und rufe gleich zurück«. Mit etwas Distanz ist es uns möglich, in Ruhe darüber nachzudenken, ob wir einer Bitte oder einem Wunsch wirklich nachkommen wollen, sei es aus Liebe, Freundschaft, Mitgefühl oder Pflicht – oder ob es uns wichtiger ist, an uns selbst zu denken.

Diplomatisch nein sagen: Kaum etwas fällt uns so schwer, wie nein zu sagen. Doch wir brauchen gar nicht so viel Angst davor zu haben. Es gibt nämlich eine gute Strategie, mit der man klar und trotzdem verbindlich ablehnen kann.

Zunächst zeigen wir, dass wir die Bitte, das Angebot oder die Anfrage zu schätzen wissen. Freundlich lächelnd sagen wir etwa: »Ich fühle mich geehrt, dass Sie mich darum bitten« oder »Ich weiß es zu schätzen, dass du mich fragst«. Dann lehnen wir das Ansinnen unseres Gegenübers klar ab, ohne uns wortreich zu entschuldigen oder lange Erklärungen abzugeben. Es reicht, wenn wir sagen: »Es tut mir leid, aber ich kann Ihnen nicht weiterhelfen« oder »Ich bedaure, das passt für mich nicht«. Wenn möglich, machen wir dann einen anderen Vorschlag oder verweisen auf jemanden, der das an unserer Stelle übernehmen könnte.

So halte ich es meistens, wenn eine Interviewanfrage kommt, auf die ich nicht eingehen möchte, weil mir das Thema nicht liegt. Dann überlege ich, welche Expertin in dem Fall geeigneter ist, und empfehle sie.

Grenzen setzen: Hier ist Mut erforderlich. Der fehlt meist vor allem uns Frauen, weil wir in besonderem Maße gelernt haben, die eigenen Bedürfnisse zu ignorieren.

Jen Sincero, Coach und Autorin, schüttelt heute noch den Kopf über eine Grenzverletzung, die sie sich vor einiger Zeit gefallen ließ: Sie wollte in einem Kaufhaus eine Matratze kaufen. Zum Testen legte sie sich auf eine, die ihr passend schien. Auch andere Kunden probierten in verschiedenen Liegepositionen Matratzen aus. Doch während bei denen die Verkäufer am Fußende stehen blieben und von dort aus über die Funktion von Federkern und Schaumstoffen informierten, legte sich ein Verkäufer dreist neben Jen. Sie fühlte sich unwohl, wagte jedoch nicht, sich zu beschweren. Sie hätte den übergriffigen Verkäufer sofort vom Bett weisen und sich nach einem anderen Berater umsehen müssen, doch sie wollte den Mann nicht bloßstellen. Also stand sie verlegen auf und verließ das Geschäft.

Grenzen zu setzen, bedeutet, sie überhaupt erst einmal wahrzunehmen. Dabei hilft uns unser Gefühl. Sobald wir uns im Umgang mit einem anderen Menschen unbehaglich fühlen, ist das ein Zeichen dafür, dass er zu weit gegangen ist. Unsere Grenzen werden nicht nur verletzt, wenn uns jemand unangemessen berührt. Es ist auch der Fall, wenn man unsere Zeit verschwendet, indem man uns ewig warten lässt, uns die Ohren volljammert, unsere Wünsche ignoriert oder uns vor anderen demütigt. Hier sind klare Worte angebracht. Höflich, aber bestimmt weisen wir darauf hin, dass wir dies nicht dulden. Vergessen wir nie: Wir haben ein Recht auf unser Gefühl und sollten uns auch nicht irritieren lassen, wenn unser Gegenüber behauptet: »Du bist aber empfindlich.« Die passende Antwort lautet: »Ja, zum Glück!«

Forderungen stellen: Wir möchten mehr Gehalt, verlangen Pünktlichkeit oder einen höflichen Umgangston, bestehen auf weniger Lärm, wünschen uns Ordnung in der Wohnung. Bevor wir eine Forderung stellen, ist es wichtig, sie erst einmal präzise zu formulieren. Im Restaurant sagen wir ja auch nicht zum Kellner: »Bringen Sie mir etwas, das gut schmeckt«, sondern wir bestellen ein Gericht von der Speisekarte. Das Gleiche gilt für Forderungen. Mit unkonkreten Aussagen wie »Mir wird die Arbeit zu viel« oder »Du könntest auch mal mehr im Haushalt helfen« bekommen wir unter Umständen nicht das, was wir uns vorgestellt haben. Deshalb müssen wir uns zunächst die Fragen beantworten: Was will ich? Wann will ich es? Wie will ich es? Warum will ich es? Eine präzise Formulierung stärkt uns selbst. Außerdem lässt sich später leichter überprüfen, ob wir unser Ziel erreicht haben.

In den meisten Fällen lohnt es sich, nicht nur an den eigenen Vorteil zu denken, sondern ebenso den des Gegenübers herauszustellen und die Forderung als Win-Win-Situation zu formulieren. Mit etwas Einfühlungsvermögen kann das gelingen. Was können wir dem anderen bieten, wenn er uns entgegenkommt? Möchten wir zum Beispiel den Mietpreis herunterhandeln, könnten wir darauf verweisen, dass wir ein ruhiger und verlässlicher Mieter sind – daran ist dem Vermieter gewiss besonders gelegen. Auf den anderen einzugehen, heißt jedoch nicht, dass wir vor lauter Einfühlungsvermögen unsere Forderung zurückschrauben, bevor wir überhaupt den Mund aufgemacht und verhandelt haben. Wir haben alles Recht der Welt, unseren Wunsch ohne Abstriche zu nennen. Dazu kann unser Gegenüber aus seiner Sicht Stellung nehmen. Notfalls lassen wir uns ein Hintertürchen offen: Wir nennen unsere Forderungen zwar unzensiert, geben aber zu verstehen, dass wir kompromissbreit sind. Damit haben wir immerhin unseren Wert dokumentiert und unser Verhandlungspartner weiß es mehr zu schätzen, wenn wir uns später in einigen Punkten nachgiebig zeigen.

Manipulationen erkennen: Manche Mitmenschen sind äußerst geschickt darin, unsere Grenzen zu unterlaufen und unsere Forderungen zu sabotieren. Sie wissen genau, welchen Knopf sie drücken müssen, damit wir tun, was sie wollen. Deshalb ist es gut, zu wissen, womit wir verführbar sind. Bei Personen, die uns nahestehen, wirkt die Masche »Wie kannst du mir das antun?« besonders intensiv. Tränen, ein trauriges Gesicht, stumme Vorwürfe, Sätze wie »Du denkst auch nur an dich« oder mit bitterem Unterton – »Geh nur, ich komme schon alleine klar« – sind ein echter Schuldgefühl-Turbo. Auch ein kritisches »Wie egoistisch von dir« oder »Wie kann man nur so selbstsüchtig sein« wirkt sich aus.

Machen wir uns bewusst, dass unser Gegenüber durch Manipulation vermeidet, für sich selbst zu sorgen. Bleiben wir konsequent. Letztlich tun wir dem anderen etwas Gutes, wenn wir ihm die Möglichkeit geben, Eigenverantwortung zu übernehmen und unabhängig zu werden.

Außerdem: Mit Nachgeben und Funktionieren gewinnt man weder wahre Liebe noch Respekt. Liegt uns wirklich so viel an Menschen, die uns allein auf Grund unseres Wohlverhaltens akzeptieren und mögen?

Schuldgefühle: Gut gegen Böse?

Haben wir es endlich geschafft, bewusst unsere eigenen Interessen durchzusetzen, droht noch eine weitere Gefahr: Ein quälendes Gefühl der Reue kann uns dazu verführen, unsere Entscheidung rückgängig zu machen. Schuldgefühle sind einfach grässlich. Sie breiten sich im Körper aus, verursachen Kopf- und Magenschmerzen. Die Gedanken kreisen: War das richtig? War ich vielleicht zu hart? Wird das jetzt negative Konsequenzen für mich haben? Nein, wir haben niemand umgebracht, bestohlen oder betrogen. Wir haben es nur gewagt, eine Bitte abzuschlagen, uns zu beschweren oder etwas zu fordern. Warum also ein derartiger Aufstand in unserem Innern? Weil da zwei Kräfte miteinander kämpfen. Und das ist keineswegs der Kampf des Bösen gegen das Gute, auch wenn wir das glauben. Schauen wir es uns einmal sachlich an.

Schuldgefühle bedeuten nicht, dass wir tatsächlich ein schlechter Mensch sind. Sie sind lediglich Ausdruck eines inneren Konfliktes zwischen gelerntem und natürlichem Verhalten. Wenn wir tun, was andere wünschen, entspricht das unserem positiven Selbstbild, wir fühlen uns als guter Mensch. So hat man es uns beigebracht. Dem steht jedoch unser gesunder Egoismus entgegen. Von Natur aus liegen uns die eigenen Bedürfnisse mehr am Herzen als die der anderen, das beweist jedes Kleinkind, das sich heulend an der Supermarktkasse auf den Boden wirft, um einen Lolli zu bekommen. Dieser Gegensatz von Sozialisation und Natur bringt uns in eine Zwickmühle: Geben wir dem Willen der anderen nach, ohne es wirklich zu wollen, handeln wir gegen unsere Interessen und ärgern uns über uns selbst. Beschließen wir dagegen, unsere eigenen Bedürfnisse in den Vordergrund zu stellen, quälen uns Schuldgefühle, weil wir unser Gegenüber nicht wichtig genug genommen haben.

Wenn wir nicht selbstsicher genug sind, werden sich jedes Mal Schuldgefühle einstellen, sobald wir uns gegen die Interessen der anderen für unsere eigenen entscheiden. Das heißt aber nicht, dass wir bis ans Ende unserer Tage unter diesem unangenehmen Gefühl leiden müssen. Gegen das schlechte Gewissen hilft, es einfach durchzustehen und nicht wieder umzufallen. Dadurch werden die Schuldgefühle im Laufe der Zeit immer weniger. Vor allem, wenn wir feststellen, dass die Welt nicht untergeht, weil wir an uns selbst gedacht haben. Im Gegenteil, es eröffnet sich uns ein ganz neues Leben, das wirklich zu uns passt, weil wir es selbst wählen.

Wenn wir uns für unsere eigenen Belange einsetzen, haben wir die Chance, eine strahlende und glückliche Version unserer selbst zu werden. Weil wir dann viel häufiger tun, was uns Freude macht und wobei wir uns lebendig fühlen. Sagen wir uns also immer wieder: Ich habe das Recht, für mich zu sorgen. Ich darf meine Interessen an die erste Stelle setzen. Ich muss nicht jedem gefallen.

Übernimm die Verantwortung

Jetzt ist es aber mal gut! Wofür sollen wir denn noch Verantwortung übernehmen? Wir werden doch schon genug in die Pflicht genommen: Wir müssen gewissenhaft unserer Arbeit nachgehen, zuverlässig in der Partnerschaft sein, keine Schulden machen, für die Kinder sorgen, an die Alterssicherung denken, uns weiterbilden, auf die Gesundheit achten, vernünftig Auto fahren. Danke, das reicht.

Diese Art von Verantwortung reicht tatsächlich. Sie dient dazu, dass wir unser Leben geordnet führen und für andere verlässlich sind.

Aber die Verantwortung, von der hier die Rede sein soll, sieht anders aus. Es geht darum, dass wir uns als Regisseurin oder Regisseur unseres Lebens sehen sollten. Das tun wir nur bedingt. Wir übernehmen Verantwortung für Teilbereiche, nicht aber für das Ganze. Vieles von dem, was uns passiert, schieben wir auf andere Menschen oder die Umstände und verzichten damit auf unseren Einfluss. Hier sind dazu einige Originaltöne aus Interviews, die ich zu den einzelnen Themen geführt habe.

Ludwig, 52, selbstständiger Ingenieur, äußert sich über Geld: »Das Finanzamt holt sich jedes Jahr einen Riesenbatzen von meinem Einkommen. Richtige Räuber sind das. Und dann habe ich auch noch jede Menge feste Kosten, für mein Büro, meine Mitarbeiter, die Versicherungen. Reich werden? Ich bin froh, wenn ich über die Runden komme!«

Heidi, 49, Heilpraktikerin, meint zur Partnersuche: »Die Männer in meinem Alter wollen doch alle was Jüngeres. Wenn ich mal einen gut finde, dann ist der garantiert verheiratet. Oder es stellt sich später raus, dass er irgendeine Macke hat, geizig ist, sich nicht binden will oder zu viel trinkt.«

Achim, 43, Manager, sagt über seine Karriereaussichten: »Unsere Abteilung ist das reinste Haifischbecken. Wenn Sie nicht schmeicheln und intrigieren, kommen Sie kein Stück weiter. Mir liegt sowas nicht. Ich mache meine Arbeit gut, aber glauben Sie, das wird anerkannt? Die Schaumschläger, die kommen vorwärts, obwohl sie nicht halb so viel können wie ich.«

Janina, 39, Besitzerin eines Blumenladens, spricht über ihre Minderwertigkeitsgefühle: »Meine Eltern stammen aus einfachen Verhältnissen. Als Kind habe ich mich immer geschämt, Schulfreundinnen mit nach Hause zu nehmen. So etwas sitzt schon tief, das kriegt man nicht mehr raus.«

Jens, 41, beklagt sich über die schlechten Wohnbedingungen: »Für das Geld, das ich angespart habe, kriegen Sie in der Großstadt doch höchstens zwei Zimmer. Wissen Sie, wie viel ich hier für mein Traumhaus zahlen müsste? Zwei Millionen. Wo soll ich die denn hernehmen?«

Das hört sich alles recht überzeugend an. Es mag auch entlastend sein, gute Gründe dafür zu nennen, warum etwas Probleme macht oder nicht funktioniert. Nur bringt uns das keinen Schritt weiter. Wenn wir die Verantwortung nach außen verlagern, sprechen wir uns die Handlungsfreiheit ab und verhindern so, dass wir andere Erfahrungen machen können.

Wir alle haben über einen langen Zeitraum gelernt, Verantwortung abzugeben. In unserer Kindheit übernehmen unsere Eltern die meiste Verantwortung. Täten sie das nicht, würden wir kaum die ersten drei Jahre überleben und in den folgenden gravierende Schäden davontragen. Später als Jugendliche sind wir zwar durchaus in der Lage, vieles selbst zu entscheiden, doch die Erwachsenen behalten weiterhin gerne die Kontrolle. Sie meinen, sie wüssten am besten, was für uns richtig ist. In dem von ihnen gesteckten Rahmen halten sie uns zwar durchaus zur Verantwortung an. Sie drängen darauf, dass wir lernen, passende Freundschaften knüpfen, unser eigenes Geld verdienen. Doch sie bringen uns selten echte Verantwortung bei: Für das einzustehen, was wir denken und tun, uns nicht zu sehr anzupassen, unseren Weg zu gehen, mutig Fehler zu machen und aus ihnen zu lernen.

Wenn wir unser Elternhaus verlassen, sind wir bestens trainiert, mehr auf andere zu schauen als auf uns selbst. Äußerlich sind wir zwar erwachsen und regeln unser Leben souverän, doch innerlich befinden wir uns weiterhin in einem kindlichen Status. Wir machen etwas von außen für das verantwortlich, was uns geschieht. Statt der Eltern sind es jetzt vielleicht der Partner, die Vorgesetzten, Freunde oder Kollegen, das Schicksal, Gott, die Sterne, die Kirche oder einfach insgesamt die Umstände.

Wir glauben, andere Menschen, Situationen oder Tatsachen seien mächtiger als wir und wir könnten gar nichts dagegen ausrichten.

Auf diese Weise geben wir unsere Stärke ab und lassen uns zum Opfer machen – vom Finanzamt, den falschen Männern oder Frauen, Immobilienpreisen, unserem Übergewicht, der Erziehung oder dem Chef. Uns bleibt nur noch die Möglichkeit, uns zu beklagen und darauf zu hoffen, dass sich die Lage von selbst bessert.

Dabei könnten wir es belassen. Weil sich die meisten Menschen so verhalten, würde das nicht einmal besonders auffallen. Wir können aber auch beschließen, unsere angeborene Stärke zurückzuerobern. Verantwortung in diesem Sinne zu übernehmen, heißt: Niemals jemandem oder etwas die Schuld für das zu geben, was wir sind, tun, haben oder fühlen. Erst wenn uns völlig klar ist, dass wir allein Urheber dessen sind, was wir erfahren, gewinnen wir die volle Kontrolle über unser Leben. Das klingt jetzt sicher ziemlich abgehoben. Ich gebe zu, als ich mit dieser Einstellung das erste Mal konfrontiert wurde, dachte ich ärgerlich: Wieso soll es meine Schuld sein, wenn sich die anderen eindeutig falsch verhalten oder wenn ich in eine Situation gerate, für die ich wirklich nichts kann? Doch um Schuld geht es gar nicht. Wenn wir genauer hinschauen, zeigt sich, dass es vier verschiedene Arten von Verantwortung gibt – und eine davon trifft tatsächlich auf jede Lebenssituation zu: Wir verursachen ein Ereignis aktiv, wir machen eine Situation durch Wechselwirkung möglich, wir ziehen ein Ereignis unbewusst an oder wir reagieren auf das, was uns passiert.

Doch selbst schuld?

Deutlich auf der Hand liegt unser Beitrag dort, wo wir das Ergebnis durch eigene Aktivitäten selbst erzeugen. In dem Fall ist meist auch für unsere Umgebung ersichtlich, dass es nicht an den Umständen liegt, sondern allein an uns.

Frederik, 47, Kunstmaler, schafft es immer wieder, sich durch Nachlässigkeit selbst ein Bein zu stellen. Zu einer seiner Vernissagen verschickte er die Einladungen so spät, dass schließlich ganze sechs Leute seine Werke bewunderten. Es wäre ziemlich lächerlich, wenn Frederik nun auf die Post schimpfen würde. Er hat die Probleme schließlich selbst verursacht.

Wir wissen recht gut, wann wir uns etwas selbst zuzuschreiben haben. Etwa wenn wir vergessen haben zu tanken und unser Auto deshalb auf der Autobahn liegenbleibt. Oder wenn wir entgegen aller ärztlichen Warnungen weiterhin rauchen und sich dadurch die Bronchitis verschlimmert. Da gibt es keine Ausrede: Es ist unser Ding, wir sind mit hundert Prozent dabei. Damit liegt es aber auch hundertprozentig in unserer Hand, daran etwas zu ändern. Wir könnten etwa lernen, uns besser zu organisieren, unsere Zeit günstiger einzuteilen, mit Geld richtig umzugehen, Grenzen zu setzen oder Kontakte zu knüpfen.

Manchmal lösen wir ein Ereignis zwar nicht direkt aus, machen es aber durch unser Verhalten oder unsere Einstellung überhaupt erst möglich. Zu jeder Interaktion gehören nämlich mindestens zwei. Manches kommt erst durch eine Wechselwirkung zustande.

Marlene, 29, hat mit Nick, den sie von der Uni her kannte, einen Partyservice aufgemacht. Die beiden ergänzen sich gut: Marlene kann organisieren, ist fit in der Buchhaltung, hat ein Händchen für Mitarbeiter. Nick ist kreativ, knüpft leicht Kontakte und feiert gern. So ergibt sich eine ungeschriebene Arbeitsteilung: Marlene führt das Büro, Nick übernimmt die Außenkontakte. Ziemlich schnell merkt Marlene, dass Nick sehr dominant ist. Vor Kunden spielt er gerne den großen Zampano und tut so, als sei er der Boss. Marlene behandelt er dann wie seine Angestellte. Als sie versucht, mit ihm darüber zu reden, wirft er ihr vor: »Du bist einfach zu empfindlich. Überhaupt, wenn dir das nicht passt, dann kannst du dir ja gerne die Nächte mit den Kunden um die Ohren schlagen.« Marlene schweigt, denn das Nachtleben ist nun mal nicht ihre Stärke. Und sie hasst Streit. Zwei Jahre später ist sie ausgebootet: Nick hat die Firma voll in der Hand. Die Kunden verbinden den Party-Service nur mit seinem Namen. Die Mitarbeiter hören auf ihn. Marlene, die das zunehmend unerträglich findet, löst schließlich ihren Vertrag. Sie ist ziemlich enttäuscht und verbittert. Nick hat sich unfair und egozentrisch verhalten, doch dass er damit so gut durchgekommen ist, liegt an Marlene. Auf Grund ihres starken Harmoniebedürfnisses hat sie seine Dominanz viel zu lange hingenommen und ihm nicht entschieden genug die Stirn geboten.

Ob unser Verhalten eine Situation ermöglicht, können wir leicht feststellen, indem wir uns fragen: Wäre das in der gleichen Situation auch jedem anderen passiert? Falls nicht, lohnt es sich, selbstkritisch zu überlegen, welche unserer Eigenschaften zu dem Ergebnis beigetragen hat. Dazu müssen wir uns die Frage stellen: Durch welches Verhalten habe ich diese Situation ermöglicht? Vielleicht haben wir uns zu sehr angepasst, versuchten um jeden Preis zu gefallen, waren zu nachgiebig, wollten unbedingt Recht behalten, zeigten falsche Bescheidenheit, waren zu vertrauensselig, hatten resigniert oder nicht die Wahrheit gesagt. Hier können wir ansetzen, uns zu verändern, damit so etwas nicht wieder passiert.

Auch wenn es magisch klingt, es kann sein, dass wir durch unsere Ausstrahlung bestimmte Ereignisse anziehen. Das hat gewiss schon jeder von uns erlebt: Wenn wir gut gelaunt sind, kommen uns plötzlich alle freundlich entgegen. Aber wehe, wir sind schlecht drauf. Dann gibt es schon morgens in der vollen U-Bahn Streit um einen Sitzplatz und in der Firma reagieren die Kollegen gereizt.

Wir senden unbewusst Signale aus, die von anderen aufgefangen werden. Wenn uns immer wieder das Gleiche passiert, sollten wir überlegen: Womit ziehe ich ausgerechnet diese Personen oder diese Situationen an? Vielleicht machen wir durch übergroße Freundlichkeit den Eindruck, man könne uns leicht ausnutzen? Oder unsere aggressive Ausdrucksweise verursacht ständig Ärger? Falls wir nicht von selbst darauf kommen, was es ist, sollten wir Menschen in unserer Umgebung fragen, zu denen wir Vertrauen haben. Andere sehen das oft klarer als wir selbst, weil wir in heiklen Angelegenheiten meist einen blinden Fleck haben. Haben wir erst einmal erkannt, was wir unbewusst vermitteln, wissen wir auch, was wir abstellen müssen.

Wir wählen unsere Reaktion

Wo liegt denn unsere Verantwortung, wenn ein Ereignis weder durch unser aktives noch durch unser unbewusstes Zutun entstanden ist? Etwa wenn wir mit dem Auto im Stau stehen oder wenn wir entlassen werden, weil unser Arbeitgeber Konkurs macht? Dann können wir doch wirklich nichts dafür, oder? Das ist im Prinzip richtig, doch auch hier können wir Verantwortung übernehmen: Wir bestimmen, wie wir damit umgehen. Das gilt selbst in den Fällen, in denen wir glauben, man könne nur in einer Weise reagieren, etwa wütend oder traurig.

Dora, 41, packt aus Versehen das Handy ihres Mannes ein. Wie es der Zufall will, erhält er gerade da eine SMS von einer Frau, die mit Doras Mann offenbar sehr vertraut ist. Der Inhalt: eindeutig. Zur Rede gestellt gibt ihr Mann den Seitensprung zu. Daraufhin hat Dora sehr viele unterschiedliche Möglichkeiten zu reagieren: Ihm verzeihen, die Scheidung einreichen, zu einer Freundin ziehen, um Abstand zu gewinnen, aus Rache ebenfalls fremdgehen, die Angelegenheit totschweigen, die Geschichte als Anregung für das eheliche Liebesleben nehmen oder die Kinder gegen den Vater aufwiegeln.

Was immer uns auch passiert, nur wir bestimmen über unsere Reaktionen. Von ihnen hängt ab, wie es uns geht. Wir können wählen, ob wir uns ärgern, wütend werden, uns beleidigt fühlen, resignieren, zu schnell aufgeben, ungeduldig sind oder zu hohe Erwartungen haben. Wählen wir bewusst diejenige Reaktion, die uns das beste Gefühl verschafft.

Es geht nicht nur darum, mit Selbstverantwortung zu verändern, was im Leben stagniert oder schiefläuft. Verantwortung bedeutet auch, es aktiv zu gestalten. In jedem von uns steckt eine schöpferische Kraft. Wenn wir die mit unserer Selbstverantwortung verbinden, eröffnen sich uns ungeahnte Möglichkeiten. Wir können sie auf jeden Bereich anwenden, der uns wichtig ist: eine befriedigende Arbeit, eine schöne Umgebung, eine glückliche Partnerschaft, befriedigende Freundschaften, ein glückliches Familienleben, Wohlstand, angenehme Freizeit, Entwicklung der Persönlichkeit. Wenn wir das nicht mehr von anderen Menschen, den Umständen, dem Schicksal oder dem Glück abhängig machen, sondern es selbst in die Hand nehmen, erreichen wir auf die Dauer die Erfüllung unserer Wünsche. Dazu müssen wir uns immer wieder entsprechend unserem Wunschziel entscheiden.

Angenommen, unser Traum ist ein eigenes Haus. Natürlich kommt niemand auf uns zu und bietet uns kostenlos seine Villa an. Wahrscheinlicher ist es, dass wir immer wieder die Gelegenheit erhalten, eine Wahl in Richtung Eigenheim zu treffen. Etwa so: In einer Buchhandlung entdecken wir zufällig das Taschenbuch »Tausend Tipps für den Erwerb von Immobilien«. Jetzt können wir zeigen, ob wir Verantwortung für unser Ziel übernehmen. Wir könnten sagen: »Was soll ich mit dem Buch, ich habe ja doch kein Geld, um ein Haus zu kaufen.« Mit dieser Einstellung wird sich der Wunsch kaum erfüllen, denn wir sind nicht einmal bereit, den ersten Schritt zu tun. Oder wir kaufen den Ratgeber und arbeiten uns schon mal in die Materie ein. Damit übernehmen wir die Verantwortung, auch wenn die Anschaffung noch in den Sternen steht. Selbstverantwortung bedeutet, bewusst und beständig die Wahl zu treffen, die uns dem näher bringt, was wir wollen. Die Entscheidung, sei sie groß oder klein, kann auf sämtlichen Ebenen stattfinden. Wir wählen unsere Gedanken: Wie muss ich denken, um dahin zu kommen, wo ich hin will? Wir wählen unser Verhalten: Wie muss ich mich benehmen, um zu bekommen, was ich will? Wir wählen unsere Aktivitäten: Was muss ich tun, um auf meinem Weg weiterzukommen? Wir wählen unsere Worte: Wie muss ich mich ausdrücken, um meinen Wünschen am nächsten zu kommen?

Indem wir passend wählen, bewegen wir uns mit Eigenverantwortung systematisch auf die Erfüllung unseres Wunsches zu. Zusammengefasst besteht das Geheimnis darin, zu lassen, was uns nicht zu unserem Ziel bringt, und zu tun, was dafür nötig ist. Also, ab heute keine Ausreden mehr!

Verbindungen zu anderen herstellen

»Freundschaft, das ist eine Seele in zwei Körpern«, schwärmte Aristoteles. Was der antike Philosoph wohl zu den vielen »Freunden« auf Facebook gesagt hätte – eine Seele in hunderten von Smartphones? Doch um virtuelle Beziehungen geht es hier gar nicht, sondern um echte Freundschaften. Ganz so idealistisch sehen wir auch die heute nicht mehr, doch ihre Bedeutung hat nichts an Kraft verloren. Gerade in Zeiten, in denen Partnerschaften nicht mehr für immer halten und Familien auseinanderbrechen, sind Freundschaften wichtiger denn je. Sie werden zu Wahlverwandtschaften. Wie notwendig sie sind, zeigen die Resultate psychologischer Studien: Wer Freunde hat, ist gesünder und lebt länger. Grund genug, die Beziehungen zu pflegen. Im Allgemeinen wissen wir, was das heißt: an Geburtstage denken, sich regelmäßig melden und gelegentlich kleine Geschenke machen. Doch grundlegend gehört noch mehr dazu. Wie das genau aussehen soll, hängt teilweise von unserem Geschlecht ab.

Frauenfreundschaften und Männerfreundschaften – dazwischen liegen Welten. Die amerikanische Soziolinguistin Deborah Tannen bringt es auf den Punkt: Frauen leben in einer »Beziehungswelt«, Männer in einer »Statuswelt«. Während Frauen vor allem an harmonischen Bindungen liegt, möchten Männer ihre Unabhängigkeit und ihren Rang bewahren. Ob das nun genetisch bedingt oder anerzogen ist, darüber streiten sich die Wissenschaftlerinnen und Wissenschaftler je nach Fachrichtung. Die Wahrheit liegt vermutlich in der Mitte.

Tatsache ist jedoch, dass sich die unterschiedlichen Schwerpunkte auch in Freundschaften zeigen.

Bewohnerinnen der »Beziehungswelt« brauchen einen intensiven emotionalen Austausch. Für unser Wohlgefühl ist es nötig, dass wir Frauen unsere Erlebnisse ausführlich miteinander teilen. Bei einer Freundin können wir dabei immer mit echtem Interesse rechnen. Die Frage »Wie geht es dir?« ist unter Frauen selten nur rhetorisch. Wobei wir allerdings im Blick auf emotionale und physische Nähe durchaus noch feine Unterschiede machen, die sich etwa so staffeln: Eine Freundin – mit ihr kann man etwas unternehmen. Eine gute Freundin – mit ihr kann man etwas unternehmen und intensive Gespräche führen. Die beste Freundin – sie ist die engste Vertraute. Mit der besten Freundin teilen wir nicht nur Gedanken und Geheimnisse, sondern gegebenenfalls auf Reisen auch das Hotelzimmer.

Aber vor allem kennen wir auf seelischem Gebiet keine Scheu oder Berührungsängste. Wir vertrauen ihr Dinge an, die sonst niemand von uns weiß, oft nicht einmal der Partner. Sie kennt auch unsere dunklen Seiten, unsere großen und kleinen Schwächen, unsere Zweifel und Ängste. Egal, wie kontrolliert wir sonst sind, vor ihr können wir hemmungslos weinen oder wüten. Sie lacht uns nicht aus, wenn wir von unseren Träumen und Sehnsüchten erzählen. Dass wir eines Tages einen Roman schreiben wollen, dass wir heimlich in unseren attraktiven Nachbarn verliebt sind oder uns selbstständig machen möchten. Sie versteht es und ermutigt uns.

In der »Statuswelt« geht es bodenständiger zu. Männer kommunizieren lieber Fakten und zeigen Gefühle der Nähe vorwiegend durch Handeln, etwa wenn sie ihren Freunden am Wochenende das Motorrad reparieren oder ihnen mit Engelsgeduld das Surfen beibringen. Männerfreunde sind gerne gemeinsam aktiv, treiben Sport, reisen oder haben ein gemeinsames Hobby. Sie mögen es, eine entspannte Zeit mit ihren Buddys zu verbringen, ohne dass sie jemand zwingt, ihr Inneres nach außen zu kehren. Wenn sie miteinander reden, dann eher über Sachthemen wie Erfolg, Karriere, Politik, neue Autotypen oder die Bundesliga. Sollte doch einmal das Bedürfnis aufkommen, über persönliche Dinge zu sprechen, dann lässt sich auch das sachlich verpacken: »Du, sag mal, ich habe da gerade einen Artikel über Burnout gelesen …«

Für diese Unterschiede zwischen den Geschlechtern in puncto Freundschaft hat man eine passende Beschreibung gefunden: Frauen kommunizieren mit ihren Freundinnen »face to face«, Männer mit ihren Freunden »side to side«. Frauenfreundschaften zu pflegen bedeutet deshalb vor allem, Verständnis und ein offenes Ohr zu haben. Männerfreundschaften brauchen dagegen mehr gemeinsame Zeit und Aktivitäten.

Doch abgesehen davon, dass Frauen und Männer unterschiedliche Kommunikationsformen bevorzugen, sind sich die Einwohnerinnen der Beziehungswelt mit den Bewohnern der Statuswelt grundsätzlich darüber einig, was die Verbindlichkeiten einer Freundschaft angeht.

Der Wunsch nach Zuverlässigkeit in der Freundschaft ist für beide Geschlechter gleich. Wem wir erlauben, uns nahezukommen, auf den müssen wir uns verlassen können. Versagt die Freundschaft in diesem Punkt, ist das Vertrauen hin.

Für Katja, eine 34-jährige Lektorin, ist es eine Riesenenttäuschung, als ihre Freundin Silke auf einer Party lachend weitererzählt, was sie ihr unter dem Siegel der Verschwiegenheit mal gebeichtet hatte: Dass Katja vor einiger Zeit wegen eines Ladendiebstahls angezeigt worden war.

Geheimnisse müssen wir selbstverständlich bewahren. Loyalität bedeutet aber noch mehr: Wenn unser Freund oder unsere Freundin verbal angegriffen wird, ist es unsere Aufgabe, an seiner oder ihrer Seite zu stehen und die Verteidigung zu übernehmen. Das gilt auch dann, wenn wir den Angreifern eigentlich Recht geben müssen.

Kritik können wir später unter vier Augen immer noch üben, etwa: »Ich kann verstehen, dass die sauer auf dich sind. Dein Verhalten war wirklich nicht korrekt.«

Diejenigen, die in der Kindheit erlebt haben, dass ihre Eltern nicht zu ihnen standen, sind in puncto Loyalität besonders empfindlich.

Wenn der 13-jährige Christian sich bei seinen Eltern über eine eindeutige Ungerechtigkeit der Lehrer beschwerte, bekam er zu hören: »Die Lehrer werden schon recht haben, wer weiß, was du wieder angestellt hast.« Heute ist Christian erwachsen, aber mangelnde Loyalität war für ihn ein Grund, Sven die Freundschaft aufzukündigen, als er hörte, dass der sich hinter seinem Rücken abfällig über ihn geäußert hatte.

Mit anderen über Freunde herzuziehen, ist ein absolutes Unding. Vielmehr sollten wir uns auch dann lobend über sie äußern, wenn sie nicht dabei sind. Schließlich sind es unsere Freunde, die wir uns ausgesucht haben.

In der Krise bewährt sich die Freundschaft

In einer Notlage müssen Freunde zur Stelle sein, da gibt es keine Entschuldigung. In einer echten Krise hat die Freundschaft absolut Vorrang. Man sollte dann alles möglich machen, um an seiner oder ihrer Seite zu sein.

Eine gute Freundin rief mich völlig aufgelöst in meinem Büro an. Sie hatte soeben erfahren, dass ihr Mann sie verlassen wollte. Ich sagte sofort alle Termine ab und fuhr zu ihr, um sie zu unterstützen. Wir saßen an ihrem Küchentisch, leerten zusammen eine Flasche Rotwein. Sie weinte, ich tröstete sie und bestätigte ihr, dass er verrückt sei, sich von einer so großartigen Frau wie ihr zu trennen. Beim Abschied sagte sie entschlossen: »Na, dem werde ich es zeigen!« Das klang schon besser.

Krisen sind der Test, was die Freundschaft wirklich wert ist. Eine Schönwetterbeziehung kriegt schließlich jeder hin.

So erlebt es Vera, 47. Der Arzt hatte ihr eine schlimme Diagnose mitgeteilt. Verzweifelt ruft sie Nadine an, die sie bisher für eine gute Freundin gehalten hatte. »Mir geht es schlecht«, klagt sie. Nadine schlägt ihr vor: »Dann melde dich doch einfach, wenn es dir wieder besser geht.«

Eine ähnliche Enttäuschung erlebt Alex, 22, Student. Seine jüngere Schwester war bei einem Autounfall plötzlich ums Leben gekommen. Als er sich nach ihrer Beerdigung mit seinem Freund Markus treffen will, in der Hoffnung, von ihm etwas Trost und Ablenkung zu bekommen, hat der keine Zeit. Er ist mit einer, wie er sagt, »scharfen Maus« zum Kino verabredet. »Das verstehst du doch, wir können uns morgen treffen«, sagt er abschließend.

In solchen Fällen geht der Riss oft so tief, dass er sich nicht mehr kitten lässt. Gewiss, sich dem Leid von Freunden zu stellen, ist nicht einfach. Es geht gegen unsere Bequemlichkeit und nimmt uns emotional mit. Da ist man schon versucht, sich aus der Verantwortung zu stehlen. Allerdings darf man dann auch nicht erwarten, eine tragfähige Freundschaft zu erhalten. Sollte es unmöglich sein, sofort vor Ort zu sein, ist es wichtig, dafür ernsthafte Gründe zu nennen und ein zeitnahes Treffen zu vereinbaren. Meist ist es auch mit einmal nicht getan, und wir müssen in der Folge noch einiges an Zeit und Kraft aufbringen, bis sich unser Freund oder unsere Freundin wieder gefangen hat. Das gehört dazu. Um jedoch einem Missverständnis vorzubeugen: Freunden in Krisen zur Seite zu stehen, bedeutet nicht, sich selbst zu überlasten. Wohl kaum jemand hält es aus, sich unverändert monatelang die gleiche traurige Geschichte anzuhören, als ständige Begleitung bei Arztbesuchen zu fungieren oder die Couch im Wohnzimmer zum Dauerschlafplatz für die arme Seele herzurichten. Wenn wir an unsere Grenzen stoßen, ist Ehrlichkeit gefragt. Hier müssen wir die Verantwortung für uns selbst übernehmen und dem anderen mitteilen, was uns zu viel ist.

In Freundschaften investieren

Für diejenigen, die berufstätig sind und vielleicht auch noch Familie haben, ist Zeit ein Luxusgut. Doch einen Teil davon sollte man unbedingt in Freundschaft investieren. Wer glaubt, es wäre schon in Ordnung, wenn man sich über längere Zeit nicht sieht, weil sich in erwachsenen Beziehungen ja doch nicht mehr viel ändert, täuscht sich. Je länger die Kontaktpause andauert, desto mehr entfremden wir uns voneinander. Auch gute Verbindungen kühlen ab, wenn wir uns nicht darum kümmern. Es ist durchaus in Ordnung, sich über soziale Medien auf dem Laufenden zu halten, aber nichts ersetzt das persönliche Treffen. Sich dafür frei zu nehmen, ist nötig, um die gemeinsame Basis zu festigen. Für Frauen ist es gut, ausführlich Zeit zum Reden zu haben, Männer können gemeinsam etwas unternehmen, sich zum Beispiel zum Sport treffen – das funktioniert natürlich auch umgekehrt, aber hier geht es um die spezifischen Bedürfnisse der Geschlechter. Dazu müssen wir meist gezielt etwas aus unserem Programm streichen. Die Entscheidung sollte zumindest ab und zu für das Treffen ausfallen. Statt nach einem stressigen Tag auf dem Sofa zu entspannen, verabredet man sich mit dem Freund auf ein Bier in der Kneipe, statt ins Konzert geht man mit der Freundin zum Italiener.

Der Wunsch nach Kontakt darf allerdings nicht in Stress ausarten. Wer in dem Fall zu viel Regelmäßigkeit einklagt, erzeugt ein unangenehmes Gefühl von Verpflichtung.

So leid es mir auch tat, ich habe mich aus einer Freundschaft zurückgezogen, die mir in dem Punkt zu viel abverlangte. Während ich noch berufstätig war, war diese Freundin schon im Ruhestand und hatte viel Zeit. Wenn ich nicht bereit war, mit ihr ins Kino zu gehen, kritisierte sie mich: »Du arbeitest zu viel, du brauchst doch auch mal eine Pause.« Außerdem schickte sie mir ständig E-Mails und erwartete, dass ich sofort darauf antwortete. Ich hätte die Freundschaft mit dieser liebenswürdigen Frau gerne aufrechterhalten, aber unser Bedürfnis nach Kontakt war einfach zu unterschiedlich.

Im Hinblick auf Nähe und Distanz ist es empfehlenswert, auf »gleich und gleich gesellt sich gern« zu setzen, sonst sind Konflikte vorprogrammiert. Ebenso notwendig ist Akzeptanz.

Was für die Partnerschaft wichtig ist, gilt dabei auch für die Freundschaft: Wir müssen unsere Freunde so annehmen, wie sie sind. Jeder Mensch hat seine Stärken und Schwächen. Es sind schließlich die Stärken, die uns zu unseren Freunden hinziehen – übrigens meist Eigenschaften, die unsere eigenen Defizite kompensieren. Aber auch Freunde sind nur Menschen. Wir sollten die Beziehung nicht idealisieren, sondern sie realistisch sehen. Nobody is perfect. Wenn die Stärken die Schwächen überwiegen, ist das eine gute Basis.

Henning, 39, Mathematiker, ist ein ausgezeichneter Planer. Als er mit seinem Freund Manuel eine Woche zum Bergwandern in Tirol ist, hatte er den Trip vorher komplett durchorganisiert. Manuel braucht nur noch mitzulaufen. Doch obwohl er von der Präzision seines Freundes profitiert, geht es Manuel auf die Nerven, dass Henning auch bei Kleinigkeiten wie einem Restaurantbesuch alles kontrollieren will. Am liebsten würde sein Freund einen Vorkoster hinschicken, um zu prüfen, ob das Lokal auch kulinarisch den Ansprüchen genügt.

Es ist sinnvoll, sich einmal darüber auszusprechen, was einen am anderen stört. Da ist Ehrlichkeit gefragt, denn heimlich zu grollen oder zu stöhnen, tut der Freundschaft nicht gut. Doch damit sollte es auch erledigt sein. Wir können den anderen nicht ändern, das muss er schon selbst – wenn er es denn möchte. Die Toleranz bezieht sich allerdings nicht auf Verhaltensweisen, die mit Respektlosigkeit verbunden sind. Wir müssen uns nicht damit abfinden, dass sich jemand vor anderen über uns lustig macht oder uns immer warten lässt. Dann ist es möglicherweise Zeit für einen Schlussstrich.

Denn Freundschaften zu pflegen heißt auch, zu überprüfen, ob sie für uns noch stimmig sind. In unserem Innern wissen wir genau, ob uns eine Beziehung insgesamt nutzt oder schadet, ob sie belastend oder förderlich ist. Werden unsere Anforderungen nur dürftig oder gar nicht erfüllt, sollten wir uns trennen. Ich weiß, das sagt sich so leicht. Besonders Menschen, denen Harmonie wichtig ist, fällt es schwer, eine unfruchtbare oder gar schädliche Beziehung zu beenden. Schließlich möchten wir niemanden kränken oder verletzen. Doch wir müssen ja auch nicht gleich ein dramatisches Trennungsgespräch führen. Es gibt sanftere Methoden. Zum Beispiel die, etwas stillschweigend auslaufen lassen. Falls wir bisher aus Pflichtgefühl regelmäßig angerufen haben, Geburtstagskarten oder Grüße aus dem Urlaub geschickt haben, dann verzichten wir ab jetzt darauf. Wenn eine Beziehung keine neue Nahrung erhält, schläft sie meist ein.

Eine sanfte Form besteht auch darin, eine Notlüge zu benutzen, sofern die Wahrheit für den anderen verletzend wäre. Wer verträgt es schon, zu hören: »Ich finde dich sterbenslangweilig und habe keine Lust, dich zu sehen«? Falls man sich mit einer deutlichen Ablehnung eine Feindschaft fürs Leben einhandeln würde, ist es ebenfalls klüger, eine Ausrede zu finden. Zu viel Arbeit, Urlaubsvorbereitungen, Besuch der Schwiegermutter – irgendwann gibt auch die hartnäckigste Person auf.

Sollten dezente Hinweise absolut nichts nutzen, müssen wir in den sauren Apfel beißen und Klartext reden, getreu dem Motto: »Hart, aber fair«. Das heißt, wir sollten Anklagen und Vorwürfe vermeiden und stattdessen von unseren eigenen Gefühlen ausgehen, etwa so: »Ich fühle mich ausgenutzt, wenn du dich bei mir ausweinst, aber nie Zeit hast, wenn ich dich brauche.« Möglicherweise gibt eine ehrliche Aussprache der Beziehung sogar eine neue Chance. Falls nichts mehr zu retten ist, helfen nur deutliche Worte: »Es ist mir lieber, wenn wir uns nicht mehr sehen.«

Unbefriedigende Freundschaften aufzugeben wirkt im wahrsten Sinne des Wortes erleichternd. Plötzlich haben wir viel mehr Energie und Zeit. Die können wir dann für unsere wahren Freunde einsetzen, die sich bewährt haben und die in guten Zeiten und in Krisen zu uns stehen.

Interessiere dich für andere

Interesse an anderen zeigen – diese Aufforderung ist wirklich überflüssig, sollte man meinen. Schließlich war es nie größer als heute: Wir schauen permanent, was unsere Freunde, Bekannte und Menschen, die wir gar nicht persönlich kennen, auf Facebook oder Instagram posten. Wir folgen ihnen auf Twitter, wir chatten, erkunden ihre Meinung auf Blogs und Youtube-Videos. Tatsache ist aber auch, dass diese Art von Interesse eher Unterhaltungs- und Informationswert als Tiefgang hat. Sich wirklich für jemanden zu interessieren bedeutet, etwas Besonderes über seine Person erfahren zu wollen. Das geht immer noch am besten live, weil wir dann von unserem Gegenüber sämtliche Facetten sehen und hören, seine Stimmlage, Mimik und Gestik. Dank unserer Spiegelneuronen bekommen wir mit, wie er sich fühlt, und nehmen auch Ungesagtes auf.

Wir alle besitzen die natürliche Fähigkeit, mit anderen in Kontakt zu treten. Das Interesse füreinander ist uns nämlich angeboren. Das wussten schon die alten Griechen. Sie definierten den Menschen als »zoon politikon«, als geselliges Wesen. Wenn man kleine Kinder beobachtet, wie sie voller Neugier auf andere zugehen, findet man das bestätigt.

Wie kommt es dann, dass wir so selten echtes Interesse zeigen, obwohl wir beste Voraussetzungen dazu besitzen? Das hat verschiedene

Ursachen. Die häufigste liegt sicher in unserer Erziehung begründet. Man bringt uns schon als Kinder bei, dass es unhöflich ist, andere zu belästigen. Mit Sätzen wie »So etwas fragt man nicht« oder »Sei nicht so neugierig« werden frühe Versuche, Interesse zu zeigen, gestoppt. Manchmal hat das sicher seine Berechtigung. Ich erinnere mich noch, wie peinlich es mir war, als mich unser vier Jahre alter Sohn Felix mit Blick auf eine füllige Dame laut fragte: »Mama, warum ist die Frau so dick?« Nur verlieren wir auf diese Weise unsere Naivität und verinnerlichen, möglichst niemandem durch persönliche Fragen zu nahe zu treten. Das sitzt oft so tief, dass wir es später schwerhaben, uns davon zu befreien.

Ein weiterer Grund kann unsere geringe Meinung von uns selbst sein. Wir glauben, wir hätten kein Recht, anderen unser Interesse zu zeigen. Wer sind wir denn schon, dass wir einen Menschen, der erfolgreicher, gebildeter, klüger oder attraktiver ist als wir, einfach so ansprechen könnten? Dabei ist diese Sorge in den meisten Fällen überflüssig.

Eine Redakteurin erzählte mir, dass sie die halbe Nacht kein Auge zugetan hatte, weil sie am nächsten Tag bei einem offiziellen Festessen die Tischnachbarin eines Prominenten sein würde. Sie quälte sich mit der Frage, was sie denn bloß mit ihm reden sollte. Gewiss war er charmante, sprühende Gesprächspartnerinnen gewohnt, und sie war ein ruhiger, zurückhaltender Typ. Sie löste das Problem, indem sie allen Mut zusammennahm und ihm gestand, sie wüsste gar nicht, was sie mit ihm reden sollte. Er lachte und sagte: »Das macht nichts, dann werde ich Sie unterhalten.« Dadurch war sie so entkrampft, dass es ihr nicht mehr schwerfiel, mit ihm zu plaudern. Später sahen ihre Kollegen am anderen Ende der Tafel neidisch zu den beiden herüber, weil sie sich bestens miteinander amüsierten.

Wir hungern nach Aufmerksamkeit

Es ist auch denkbar, dass wir uns deshalb so schwer auf andere konzentrieren können, weil wir selbst bedürftig sind. Das betrifft uns besonders, wenn wir gefühlsmäßig nie richtig satt geworden sind. In jungen Jahren hat uns niemand die Aufmerksamkeit oder Anerkennung geschenkt, die wir dringend gebraucht hätten. Deshalb sind wir noch immer damit beschäftigt, der Umwelt beides abzuringen. Das zeigt sich etwa daran, dass wir gerne im Mittelpunkt stehen. Wir jammern, wie schlecht es uns geht, oder wir berichten ausführlich von unseren besonderen Erlebnissen und Erfolgen. Jedenfalls sind wir überwiegend damit beschäftigt, Wirkung zu erzielen. Damit sind die anderen nicht Gegenstand unseres Interesses, sondern Konkurrenz, die es zu übertrumpfen gilt, indem wir uns noch dramatischer oder brillanter zeigen als sie. Mit unserem egozentrischen Verhalten benutzen wir andere, um unser inneres Defizit auszugleichen.

Welche Ursachen auch immer unser Interesse an anderen Menschen behindert – das Endergebnis ist das gleiche: Wir haben Schwierigkeiten, zu anderen Menschen in Beziehung zu treten. Damit berauben wir uns einer großartigen Möglichkeit, sie für uns zu gewinnen.

Es geht nicht nur darum, Informationen über andere zu bekommen. Vielmehr ist Interesse der Königsweg, Sympathien zu erhalten. Jeder Mensch möchte wahrgenommen werden. Wenn wir uns für jemanden interessieren, fühlt er sich gut, und dieses positive Gefühl bringt ihn mit uns in Verbindung.

Das hat der US-Autor Dale Carnegie schon in den 1930er Jahren in seinem Buch »How to win friends and influence people« deutlich verkündet. Bis heute ist es ein Bestseller, der bei uns unter dem Titel »Wie man Freunde gewinnt« immer wieder neu aufgelegt wird. Eine Anekdote darin belegt besonders schön, wie positiv sich ein Interesse an anderen auf die eigene Person auswirken kann: Als Dale Carnegie noch ein unbekannter junger Mann war, wurde er zu einem Dinner eingeladen. Neben ihm saß ein bekannter Wissenschaftler. Dem schüchternen Carnegie fiel nichts ein, worüber er sich mit seinem Tischnachbarn hätte unterhalten können. Um nicht in Schweigen zu verfallen, begann er, ihm Fragen zu seinem Fachgebiet zu stellen und hörte aufmerksam zu. Als sich am Ende des Abends die Gäste verabschiedeten, bekam er zufällig mit, wie der Wissenschaftler begeistert zur Gastgeberin sagte: »Ich habe mich selten so gut unterhalten. Dieser Mr. Carnegie ist ja wirklich ein äußerst intelligenter Gesprächspartner!«

Interesse zu zeigen kann man lernen

Auf angenehme Art an anderen Menschen Interesse zu zeigen, lässt sich lernen. In Seminaren und Büchern vermittle ich immer wieder, wie es gelingt, mit Smalltalk ein Gespräch zu beginnen. Etwa indem man ein Kompliment macht: »Sie tragen einen wunderschönen Ring. Was ist das denn für ein Stein?« Oder indem man etwas anspricht, das man gerade mit den anderen teilt: »Dieser Blumenschmuck ist ganz zauberhaft, finden Sie nicht auch?«, »Der Vortrag hat mir gefallen. Was meinen Sie dazu?« Auch Fragen, die man nicht nur mit Ja oder Nein beantworten kann, bringen unser Gegenüber dazu, von sich zu erzählen: »Wie gefällt Ihnen denn Hamburg?«

Das sind kommunikative Techniken, die zu beherrschen sich lohnt. Sie geben auch zurückhaltenden Menschen im Umgang mit anderen Sicherheit. Doch echtes Interesse zu zeigen, bedeutet mehr als nur versiertes Plaudern. Es ist eine Grundhaltung, die Offenheit und Unvoreingenommenheit voraussetzt.

Meine Tätigkeit als Psychotherapeutin hat mich gelehrt, dass Ablehnung meist nur möglich ist, solange wir einen Menschen oberflächlich wahrnehmen. Wenn wir jemand wirklich näher kennenlernen, können wir oft nicht anders, als ihn zumindest zu akzeptieren. Manchmal verwandelt sich die anfängliche Ablehnung sogar in Sympathie. Das liegt daran, dass wir plötzlich verstehen, warum sich jemand so verhält, dass er uns auf den ersten Blick abschreckt.

Eine der deutlichsten Lektionen in dieser Richtung erhielt ich auf einem Seminar. Eine der Teilnehmerinnen, Sylvia, schaffte es, mit ihrem übertriebenen Äußeren und schrillem Auftreten, dass sich alle abgestoßen fühlten. Mich bewahrte nur meine professionelle Erfahrung davor, ebenfalls genervt die Augen zu verdrehen. Ich hatte immer wieder erlebt, dass gerade Menschen, die durch ihr Verhalten andere abschrecken, viel Leid verbergen. Und so war es auch hier. In einer Sitzung, in der die Teilnehmerinnen die Aufgabe hatten, ihr Leben zu malen, offenbarte Sylvia eine schreckliche Kindheit. Ihre Mutter war psychisch gestört und quälte ihre Tochter. Nachdem wir Sylvias Lebensgeschichte gehört hatten, waren wir ganz erschüttert. Ich konnte beobachten, wie sich die Haltung der Gruppe gegenüber Sylvia schlagartig änderte. Alle waren freundlicher und an ihr interessiert. Nachdem wir wussten, warum Sylvia so geworden war, sahen wir sie mit anderen Augen und konnten auf diese Weise hinter der schrillen Person das verunsicherte kleine Mädchen erkennen.

Leider haben wir selten Gelegenheit, so klar hinter die Kulissen zu schauen. Aber vielleicht geben wir anderen ja auch keine Chance, uns etwas von sich zu zeigen. Wir sollten deshalb nicht gleich abwinken, wenn uns jemand kaum des Interesses wert erscheint, sondern uns auf ihn einlassen. Auf den ersten Blick stecken wir Menschen in eine Schublade: Cordsamthose, Birkenstocksandalen – ein Ökofreak. Twinset, Faltenrock, Perlenkette – höhere Tochter. Schwarzer Rollkragenpullover, Jeans – ein Kreativer. Im Prinzip liegen wir damit durchaus richtig, denn Kleidung und Accessoires enthalten eine Aussage. Als äußere Signale informieren sie uns, welcher sozialen Gruppe dieser Mensch angehört. Das erleichtert zwar die Einschätzung, beeinflusst aber gleichzeitig unser Interesse. Meist winken wir von vornherein ab, wenn jemand nicht zu unserem Kreis gehört. Damit versäumen wir es, den Menschen hinter den optischen Signalen zu sehen. Der ist nämlich oft wesentlich vielschichtiger als sein Outfit. Wenn wir das nicht berücksichtigen, verpassen wir etwas, vielleicht sogar eine Chance.

Ein freiberuflicher Architekt hatte einen großen Auftrag abgeschlossen und ein beträchtliches Honorar erhalten. Davon wollte er sich auf der Stelle einen Herzenswunsch erfüllen: einen Porsche. In Jeans und Pullover, gerade so, wie er normalerweise am Zeichentisch saß, begab er sich zum örtlichen Porschehändler. Der beachtete ihn gar nicht weiter, sondern erläuterte einem anderen Kunden im Maßanzug die verschiedenen Vorteile des Wagentyps. Als der Verkäufer schließlich frei war, behandelte er den Architekten von oben herab. Als der um eine Probefahrt bat, winkte der Verkäufer ab. Er könne sich ja einige Prospekte mitnehmen. Wutschnaubend verließ der Architekt das Autohaus. Der Verkäufer hat wohl nie erfahren, dass ihm auf Grund seiner einseitigen Zuordnung und letztlich auf Grund seines mangelnden Interesses an anderen Menschen eine fette Provision entgangen ist.

Die Moral dieser Geschichte gilt wahrhaftig nicht nur für Verkäufer: Es lohnt sich immer, einen Blick für den Menschen zu entwickeln, der einem begegnet, nicht nur für seine Hülle.

Richtig zuhören

Interesse am anderen zeigt sich vor allem durch Zuhören. Doch zum guten Zuhörer oder zur guten Zuhörerin wird man nicht automatisch, nur weil man jemanden sein Ohr leiht. Gut zuhören zu können, ist eine Kunst. Das ging mir erst so richtig auf, als ich eine Ausbildung zur Gesprächstherapeutin machte. Diese Therapiemethode stammt von Carl Rogers, einem der Begründer der Humanistischen Psychotherapie in den USA. Sie basiert auf der Annahme, dass es heilsam ist, wenn wir aus den Worten unseres Gegenübers das Gefühl heraushören, das dahintersteckt. Indem wir es ihm bewusst machen, kann er sich selbst besser erkennen. Angenommen, ein Klient beklagt sich: »Heute ist wieder so ein Tag, wo man am liebsten im Bett geblieben wäre.« Eine Gesprächstherapeutin würde nachhaken: »Sie fühlen sich überlastet?« Daraufhin hätte der Klient die Möglichkeit, dazu präziser Stellung zu nehmen. Durch weitere Rückfragen kann er so Stück für Stück zum Kern seiner Unzufriedenheit gelangen. Das Besondere daran ist, dass die Therapeutin Interesse zeigt, ohne ihre eigene Meinung aufzudrängen. Dieses »Hören mit dem dritten Ohr«, wie es auch von Psychologen genannt wird, die Aufmerksamkeit für Gefühle und feine Zwischentöne, ist nicht allein Therapeuten vorbehalten. Nach Rogers kann jeder mit dieser Methode erfolgreich sein.

Meine Kollegin Anke hat es damals ausgetestet – wenn auch ein bisschen anders, als Carl Rogers es gemeint hatte. Sie war von der Methode so fasziniert, dass sie sie benutzte, um Männer, die sie attraktiv fand, für sich zu gewinnen. Mit Erfolg! Die Männer fühlten sich verstanden wie noch nie. Anke war für sie die Traumfrau, die ihre geheimen Wünsche und Gefühle entdeckte.

Nun sollen wir nicht trickreich in das Seelenleben anderer Leute eindringen, aber es lohnt sich, einfühlsam zuzuhören und sich Gedanken über die Empfindungen zu machen, die den anderen bewegen.

Doch gutes Zuhören besteht auch darin, die Kardinalfehler des Zuhörens zu vermeiden. Besonders die folgenden Unarten im Gespräch sollten wir umschiffen, denn sie sind genau das Gegenteil davon, Interesse zu zeigen: Oft genug nehmen wir die Worte unseres Gegenübers nur als Aufhänger, um unsere eigene Geschichte loszuwerden. Jemand erzählt von einem großartigen Film, den er gesehen hat. Wir warten nur darauf, dass er kurz Luft holt, um mitzuteilen, wie beeindruckend wir selbst den Film gefunden haben.

Oder wir versuchen, unseren Gesprächspartner zu übertrumpfen. Er hat einen Autounfall mit Blechschaden hinter sich? Das ist doch noch gar nichts! Wir hatten einen Crash, bei dem das Auto anschließend komplett verschrottet werden musste. Auf Wettbewerbe dieser Art sollten wir lieber verzichten. Durch unsere Schilderung erreichen wir keineswegs, dass wir dem anderen imponieren. Stattdessen behält er uns als unsensibel in Erinnerung.

Interesse nur dann einzusetzen, wenn wir beim anderen etwas erreichen wollen, kommt ebenfalls nicht gut an. Wie es so schön heißt: Man merkt die Absicht und ist verstimmt. Wohl jeder von uns hat schon einmal Ähnliches erlebt: Jemand spielt uns am Telefon großes Interesse vor: »Hallo, ich will mal hören, wie es dir so geht« – nur um uns am Ende des Gesprächs um einen Gefallen zu bitten. Oder wir werden zum Essen eingeladen und spätestens beim Dessert lässt man die Katze aus dem Sack: Man möchte eine bestimmte Information von uns.

Das heißt nicht, dass wir unser Interesse niemals in Verbindung mit einer Absicht zeigen dürfen. Das ist durchaus erlaubt. Nur sollten wir es nicht ausschließlich tun. Zunächst einmal müssen wir durch ein absichtsloses Interesse die Basis dafür schaffen, indem wir uns nach dem anderen auch dann erkundigen, wenn wir nichts von ihm wollen.

Interesse am Gegenüber zu zeigen bedeutet allerdings nicht, dass wir uns dabei selbst aufgeben. Auch unserem Interesse sind Grenzen gesetzt. Vor kurzem sah ich in einer Zeitschrift einen Cartoon, der deutlich zum Ausdruck brachte, was passiert, wenn wir unser Interesse völlig auf den anderen verlagern und uns selbst dabei außer Acht lassen. Ein Mann und eine Frau stehen mit einem Glas in der Hand auf einer Party. Die Frau sagt: »Also, ich weiß jetzt, was Sie für einen Job haben, wie Sie wohnen, was Sie für ein Auto fahren und wie Ihre Pläne für die Zukunft aussehen. Gibt es irgendetwas, das Sie von mir wissen möchten?« Die Antwort des Mannes lautet schlicht: »Nein.«

Wir dürfen uns weder zum seelischen Mülleimer noch zum begeisterten Publikum degradieren lassen. Interesse ist keine Einbahnstraße. Einseitig ist es, wenn wir jemanden wieder und wieder anrufen, ohne dass er uns zurückruft. Oder wenn wir mehrfach einladen, ohne dass wir selbst einmal Gast sind. Möglicherweise hören wir uns regelmäßig Kummer und Sorgen an, werden aber abgeschmettert, sobald wir selbst etwas loswerden möchten. Stattdessen empfehle ich, auf das Ping-Pong-Prinzip zu achten. Beim Tischtennis muss der Ball zwischen den Spielern hin- und hergeschlagen werden, damit überhaupt ein Spiel zustande kommt. Einer macht ping, der andere pong. Ein ähnliches Wechselspiel sollte auch auf dem Gebiet des Interesses stattfinden. Ist das nicht der Fall, dann sollten wir überlegen, ob diese Person wirklich unser Interesse wert ist.

Gewinne mit Freundlichkeit

Mit Freundlichkeit gewinnen? Träum weiter! Die Freundlichen werden doch nur ausgenutzt und erwerben sich selten Respekt. Das ist jedenfalls eine gängige Meinung. Tatsächlich bin ich in dem Zusammenhang sogar dem hässlichen Ausdruck »emotionale Nutztiere« begegnet. Es stimmt, Freundlichkeit hat ein Imageproblem. Wer freundlich ist, gilt als Weichei und wird gleichgesetzt mit »nicht durchsetzungsfähig«. Doch diese Einschätzung beruht auf einem Missverständnis, das ich hier aufklären möchte.

Die freundlichen Menschen, auf die sich die Abwertung bezieht, zeigen dieses Verhalten nicht aus freien Stücken. Sie haben Angst vor Konflikten, Kritik oder Ablehnung und können nicht ertragen, dass jemand böse auf sie ist. Mit tapferem Lächeln schlucken sie, dass man sie übergeht, überfordert und übervorteilt. Die Kellnerin knallt ihnen mürrisch das Essen auf den Tisch und bekommt trotzdem ein dickes Trinkgeld. Der Paketbote gibt die Päckchen fürs ganze Haus bei ihnen ab. Dass sie später durch die Abholer ständig gestört werden, macht scheinbar nichts: »Oh bitte, das habe ich doch gern getan.« Die Kollegin will zum Friseur, selbstverständlich übernehmen sie derweil das Telefon und erhalten als Belohnung ein oberflächliches »Danke, du bist ein Schatz«. Ecken und Kanten zu zeigen, nicht *everybody´s darling* zu sein, versetzt die Pseudofreundlichen in Panik, deshalb bleiben sie bei ihrer Strategie der Nettigkeit.

Auch wenn es manchmal ähnlich aussieht – wirklich freundliche Menschen sind Lichtjahre von den angepasst freundlichen entfernt. Sie sind durchaus in der Lage, ihre eigenen Interessen zu vertreten und Grenzen zu setzen. Im positiven Sinne freundlich zu sein heißt nämlich nicht, ständig ein Lächeln auf den Lippen zu tragen und keinem einen Wunsch abzuschlagen. Es bedeutet auch nicht, dass man sich verleugnet und sich alles bieten lässt. Echte Freundlichkeit ist eine grundsätzliche Haltung der Wertschätzung. Ob Freundlichkeit diesen Hintergrund hat, lässt sich von außen schwer beurteilen. Doch für uns selbst können wir das schnell klären. Dazu müssen wir uns nur die Frage beantworten: Was ist mein Motiv? Steckt die Furcht dahinter, abgelehnt zu werden? Oder handelt es sich um eine respektvolle Einstellung gegenüber anderen Menschen? Dazu gehört nicht nur zuvorkommendes Verhalten. Wir können Freundlichkeit weiterfassen und Höflichkeit, Großzügigkeit, Hilfsbereitschaft und Toleranz hinzuzählen. Von dieser umfassenden Art der Freundlichkeit soll im Folgenden die Rede sein.

Freundlichkeit macht glücklich

Während Freundlichkeit aus Angst einschränkt, ist echte Freundlichkeit ein Glücksturbo. Sie wirkt sich nämlich nicht nur auf andere aus, sondern in erster Linie auf uns selbst: Sobald wir jemandem etwas Gutes tun, schüttet unser Körper Endorphine, Glückshormone, aus. Das spüren wir derart intensiv, dass man diesem berauschenden Gefühl den Namen *helper´s high* gegeben hat. Wohl jeder von uns hat schon mal eine ähnliche Erfahrung in Hinblick auf Geschenke gemacht: Wenn man glaubt, man würde mit einem Präsent genau den Herzenswunsch eines lieben Menschen erfüllen, freut man sich darüber genauso wie der Beschenkte selbst.

Indem wir freundlich sind, jemanden unterstützen oder ihm eine Freude bereiten, empfinden wir außerdem die Befriedigung, etwas zu bewirken. Wir spüren, dass wir selbst in der Hand haben, wie wir wahrgenommen werden, und dass wir Reaktionen positiv beeinflussen können. Freundlichkeit strahlt nämlich in den meisten Fällen auf denjenigen ab, der sie aussendet. Von daher ist sie ein gutes Mittel für alle, die sich sonst ohnmächtig oder als kleines Rädchen im Getriebe fühlen.

Insgesamt verändert Freundlichkeit unsere Selbstwahrnehmung. Wir erfahren uns als eine liebenswerte, großzügige und sympathische Person. Wir haben das Gefühl, wichtig und nützlich zu sein. Auf diese Weise steigern wir unser Selbstvertrauen und unseren Optimismus. Das wiederum wirkt sich auch auf die Gesundheit aus. Freundlichkeit schont die Nerven, stärkt das Immunsystem und macht weniger anfällig für Herzerkrankungen.

Offenbar kann man gar nicht oft genug freundlich sein. Sonya Lyubomirsky, Professorin für Psychologie an der University of California, hat dazu ein Experiment gemacht: Versuchspersonen sollten über einen Zeitraum von sechs Wochen fünf gute Taten pro Woche tun. Die eine Hälfte der Teilnehmer durfte sie über die gesamte Woche verteilen, die andere musste sie auf einen einzigen Wochentag legen. An jedem Sonntag verfassten die Probanden dann ein Protokoll, in dem sie beschrieben, was sie getan hatten, zum Beispiel dass sie einem Freund bei einem Computerproblem geholfen oder einem Obdachlosen Geld gegeben hatten. Das Glücksgefühl sämtlicher Probanden steigerte sich durch die guten Taten. Doch die Gruppe, die an einem Wochentag geballt Gutes weitergab, war noch signifikant glücklicher, weil es ihr durch die Häufigkeit bewusster wurde und deutlichere Spuren hinterließ.

Freundlichkeit muss zur Routine werden

Wie im Sport muss der Freundlichkeitsmuskel täglich benutzt werden, damit er wächst und das Verhalten zur Routine wird. Erfahrungsgemäß braucht es circa 21 Tage, bis eine Handlung in Fleisch und Blut übergeht. Wir können unser eigenes Experiment durchführen und uns vornehmen, in den nächsten drei Wochen täglich mindestens einmal bewusst freundlich zu sein, etwa ein Lob auszusprechen, sich Zeit für ein kurzes Gespräch zu nehmen, ein kleines persönliches Geschenk zu überreichen oder eine gute Adresse weiterzugeben.

Ich habe dieses Experiment gemacht und kann bestätigen, dass es tatsächlich das Glücksgefühl steigert. Ein interessanter Nebeneffekt war für mich, zu entdecken, dass sich viele Gelegenheiten zur Freundlichkeit auftuen, sobald man darauf achtet: Auf einem Rückflug nach Hamburg saßen wir Passagiere wegen einer Panne fast eine Stunde im Flieger fest. Das ist schon für Erwachsene unangenehm, aber mit kleinen Kindern ist es besonders nervig, weil die sich langweilen. In der Sitzreihe hinter mir fragte der verzweifelte Vater eines kleinen Mädchen deshalb die Stewardess: »Haben Sie vielleicht Papier und Stifte zum Malen?« Hatte sie leider nicht. Darüber hätte ich mir normalerweise keine Gedanken gemacht. Doch im Rahmen meines Experimentes überlegte ich, was ich tun könnte. Mir fiel ein, dass ich einen Notizkalender dabeihatte. Ich riss ein paar Blätter heraus und reichte sie nach hinten. Das Kind war beschäftigt, der Vater dankbar und ich glücklich, dass ich helfen konnte.

Es lohnt sich, freundlich zu jemandem zu sein, mit dem man häufig zu tun hat, seien es die Kollegen oder die Nachbarn. Ebenso sinnvoll ist es, Menschen liebenswürdig zu behandeln, von denen wir etwas wollen oder von denen wir zumindest teilweise abhängig sind, etwa der Handwerker, den wir dringend brauchen, oder die Klassenlehrerin unseres Kindes. Wir treffen dann eher auf offene Ohren und erreichen auf sanfte Art viel leichter unser Ziel.

Weniger selbstverständlich ist es, dass wir zu Personen freundlich sind, die wir nicht kennen und die wir wahrscheinlich auch in Zukunft nicht mehr treffen, wie den Pizzaboten oder die Frau im Callcenter des Telefonanbieters. Doch hier freundlich zu sein, macht einfach die Welt ein bisschen schöner! Wie ein Stein, der ins Wasser geworfen wird und Kreise zieht, verbreitet sich ein gutes Gefühl. Das ist Bestätigung genug.

Doch gerade wenn man ohne Berechnung freundlich ist, kann es passieren, dass man unerwartet eine Belohnung erhält.

So hat es der Hamburger Taxifahrer erlebt, der mich kürzlich zu einer Veranstaltung fuhr. Wir unterhielten uns darüber, dass einige seiner Kollegen oft sehr unfreundlich zu Fahrgästen sind, die nur eine kurze Strecke mitfahren möchten. Er dagegen hat es sich zum Prinzip gemacht, auch in dem Fall freundlich zu bleiben. Vor einiger Zeit stieg eine ältere Dame bei ihm ein, die nur ein paar Kilometer weit fahren wollte. Trotzdem war er liebenswürdig und höflich und half ihr noch bis zur Haustür. Da sagte sie: »Sie sind sehr freundlich. Bitte geben Sie mir Ihre Telefonnummer. Ich muss in der nächsten Woche nach Bremen zu meiner Tochter. Es wäre schön, wenn Sie mich fahren könnten.« Dank seiner Freundlichkeit bekam er einen lukrativen Auftrag.

Gelegentlich erlebe ich, dass jemand beim ersten Treffen mit mehreren Personen für ein großes Projekt blitzschnell abschätzt, ob ich eine für ihn wichtige Teilnehmerin bin oder ob man mich eher vernachlässigen darf. Das kann ich immer am Grad der Freundlichkeit und Zuwendung ablesen, nachdem ich mich vorgestellt habe. Lässt mich mein Gegenüber spüren, dass ich durch sein Raster gefallen bin, schüttle ich innerlich über diese unprofessionelle Haltung den Kopf. So ein vorschnelles Urteil ist gefährlich, denn wer durchschaut schon auf den ersten Blick ein Beziehungsgeflecht? Schließlich könnte ich die beste Freundin der Frau des CEO sein und damit indirekt großen Einfluss haben. Außerdem sieht man sich immer zweimal, und vielleicht befinde ich mich dann in einer entscheidenden Position. Doch davon einmal abgesehen sollten wir auch im Job niemals nur aus Berechnung freundlich sein, sondern zu allen Menschen, mit denen wir beruflich zu tun haben, zur Telefonistin am Empfang ebenso wie zur Geschäftsführerin. Auf diese Weise wird es uns zur Gewohnheit. Das ist nicht nur guter Stil, sondern kann irgendwann tatsächlich einmal entscheidend sein, wenn man gar nicht damit rechnet.

Linda Kaplan Thaler und Robin Koval gehören zum Präsidium der Kaplan Thaler Group, einer bekannten New Yorker Werbeagentur mit einem Jahresumsatz in Milliardenhöhe. Den Ladies kann wirklich niemand nachsagen, sie seien »Weicheier«. Doch gerade sie machen sich für Freundlichkeit im Beruf stark. Sie sind nämlich davon überzeugt, dass sie Türen öffnet, weil man auf diese Weise positive Energie ausstrahlt. Umgekehrt schlägt ein Mangel daran Türen zu, was sie mit der folgenden Geschichte illustrieren: Drei Beratungsgesellschaften konkurrierten bei einem Kunden um einen äußerst lukrativen Auftrag. Obwohl eine der Gesellschaften eine hervorragende Präsentation ablieferte, bekam sie keine Chance. Der Grund dafür war banal: Einer ihrer Manager hatte es am Flughafen versäumt, einer wichtigen Mitarbeiterin des Kunden mit ihrem schweren Gepäck zu helfen. Über seine Rücksichtslosigkeit und den Mangel an Manieren war sie so verärgert, dass sie hinter den Kulissen dafür sorgte, dass diese Gesellschaft den Zuschlag nicht bekam. Da hat ein Team wochenlang dafür gearbeitet, einen potenziellen Kunden mit einer großartigen Präsentation für sich zu gewinnen – und dann verlieren sie den Auftrag wegen einer kleinen Unfreundlichkeit. Ziemlich bitter. Lassen wir mal dahingestellt, ob die Empfindlichkeit der Dame besonders professionell war, interessanter ist die Frage, warum sich der Manager nicht um den Koffer gekümmert hatte. Die PR-Ladies vermuten, dass er in der Kunst der Freundlichkeit unerfahren war. Wäre sie Bestandteil seines üblichen Umgangs mit anderen gewesen, dann wäre ihm dieser Fehler nicht unterlaufen. Sich um den Koffer einer Dame zu kümmern, wäre für ihn selbstverständlich gewesen und keine spezielle Geste für besondere Gelegenheiten.

Freundlichkeit macht die Liebe haltbar

Freundlichkeit steigert nicht nur den beruflichen Erfolg, sondern wirkt sich ebenso positiv auf die Liebe aus. Allerdings reichen oberflächlich liebevolle Gesten und Worte nicht aus. Wahre Freundlichkeit im Sinne von Wertschätzung zeigt sich in kleinen, scheinbar kaum wahrnehmbaren Signalen.

Der US-amerikanische Psychologieprofessor John Gottman hat eine Methode entwickelt, mit der sich zu einem hohen Prozentsatz voraussagen lässt, ob ein Paar zusammenbleibt oder sich nach einiger Zeit trennt. Die Voraussage beruht auf direkter Beobachtung. Dazu sitzen die Versuchspersonen, jeweils ein frisch verheiratetes Paar, in Gottmans Liebes-Labor auf einer kleinen Bühne im Abstand von zwei Metern voreinander. An ihren Händen und Ohrläppchen sind Elektroden und Sensoren befestigt, um Herzfrequenz, Hauttemperatur und Schweißausbruch zu messen. Zwei Kameras nehmen auf, wie sie sich bewegen und was sie sagen. Die Anweisung für die beiden lautet einfach: Unterhalten Sie sich über ein Thema, das sich in Ihrer Beziehung bisher schon mal zu einem Streitpunkt entwickelt hat. Geld, Ordnung, Kindererziehung, Freundeskreis, Kleidung, Ausgehen, Haustiere – es gibt schließlich viele Bereiche, in denen Konflikte typisch sind. Für einen unbeteiligten Beobachter unterscheiden sich die Gespräche im Labor deshalb kaum von solchen, wie sie Paare im Alltag immer wieder führen. Nicht so für Professor Gottman und sein Team. Sie registrieren jede noch so kleine Reaktion ihrer Probanden und werten sie genau aus. Dabei vergleichen sie die Anzahl der positiven und der negativen Signale, die das Paar einander sendet. Äußern sich die Partner verächtlich, unnachgiebig, kritisch, rechthaberisch oder belehrend, wird das als Minus vermerkt. Sind sie liebevoll, zugewandt, verständnisvoll und kompromissbereit, liegen sie im positiven Bereich. Wohlgemerkt geht es dabei nicht unbedingt um deutlich erkennbares Verhalten, etwa wenn sie ihn beschimpft oder er sie anbrüllt, sondern um subtile Anzeichen wie heruntergezogene Mundwinkel, ein verlegenes Lachen, ein veränderter Tonfall, eine spezielle Wortwahl.

Auf diese Weise hat Gottman die Kommunikation von mehr als dreitausend Paaren untersucht und seine Voraussage überwiegend bestätigt gefunden. Die Analysen führten ihn zu einer griffigen Formel: Bei einem Paar, das lange glücklich zusammenleben möchte, sollten die positiven und die negativen Gefühle für einander bei jedem mindestens im Verhältnis von 5:1 stehen.

Um das zu erreichen, müssen wir uns um eine freundliche Grundhaltung bemühen, die den Partner respektiert und seine Bedürfnisse wahrnimmt. Was nicht heißt, dass man sich nicht auch mal heftig streiten darf. Wir sollten nur unbedingt darauf achten, dabei die vier besonders gefährlichen Liebeskiller zu vermeiden: Herabsetzung, Kritik, Verteidigungshaltung und Blockade der Wünsche des Partners. Falls das doch einmal passiert – schließlich sind wir keine Engel –, dann hilft die Gottman´sche Formel immerhin, das wieder auszubügeln: Mit fünf liebevollen Handlungen oder verbalen Zuwendungen können wir den einen negativen Eindruck meist wieder aufheben. Also etwa ein Blumenstrauß, ein Kompliment, ein Kuss, eine Nackenmassage, ein Lieblingsessen gegen eine kränkende Bemerkung.

Kill them with a smile

Mit Freundlichkeit können wir nicht nur beruflich und privat gewinnen, sondern uns auch viel Ärger ersparen. Sie besänftigt und mildert den Frust unseres Gegenübers. Statt also mit scharfen Worten zu kontern, sollten wir in den Freundlichkeitsmodus schalten. Das gelingt uns leichter, wenn wir uns klarmachen, dass das Verhalten unseres Gegenübers einen Grund hat: Jemand ist mit der aktuellen Situation unzufrieden. Er hat das Gefühl, man behandelt ihn schlecht. Er möchte wahrgenommen werden. Er wehrt sich gegen Kritik. Er hat persönliche Probleme. Dass wir die Bedürftigkeit hinter dem unangemessenen Verhalten erkennen, hilft uns, nicht auf gleichem Niveau zu reagieren.

Obwohl bekannt ist, dass Freundlichkeit zum Abbau von Aggressionen beiträgt, wird sie nicht selbstverständlich angewandt. So manche(r) muss das erst mühsam lernen. Wie die Dame, die kürzlich von einem Polizisten angehalten wurde, weil sie mit ihrem Fahrrad auf der falschen Straßenseite unterwegs war. Auf ihr Fehlverhalten aufmerksam gemacht, schimpfte sie auf die blödsinnigen Verkehrsregeln und forderte, dass die Polizei sich lieber um Wichtigeres kümmern sollte. Woraufhin der Polizist ihr prompt einen Strafzettel verpasste. Ich bin sicher, hätte sie sich freundlich entschuldigt, wäre sie mit einer Verwarnung davongekommen.

Und wann ist Schluss mit Freundlichkeit? Möglichst nie. Das heißt nicht, dass wir alles mit uns machen lassen und einem unverschämten Menschen nicht Paroli bieten sollten. Gewiss gehört manchmal auf einen groben Klotz ein grober Keil, doch das sollte die Ausnahme bleiben. Auch wenn wir uns wehren, macht der Ton die Musik, ganz im Sinne dieser kleinen Anekdote: Ein Mitglied des englischen Oberhauses wurde im Club von einem politischen Kontrahenten übel beschimpft. Statt verbal auf gleiche Weise zurückzuschlagen, blieb der Lord höflich und freundlich. Als er anschließend gefragt wurde, warum er denn auf die Beleidigungen nicht ebenso scharf reagiert habe, erwiderte er: »Ich lasse mir doch mein Verhalten nicht vom schlechten Benehmen eines anderen diktieren.«

Gerade in Konfliktsituationen zeigt sich, dass Freundlichkeit ganz gewiss nichts für Weicheier ist. Sie erfordert Selbstdisziplin, Haltung und eine positive Einstellung zu den Mitmenschen – Merkmale einer starken Persönlichkeit.

Komm aus deinem Schneckenhaus

Wir kennen eine Menge Leute, sind oft unterwegs. Wir unterhalten uns gerne mit anderen, sind aufgeschlossen und gastfreundlich – da kann doch wohl von Schneckenhaus keine Rede sein. Halt, bitte trotzdem nicht gleich abwinken! Hier geht es nämlich nicht darum, dass jemand zu selten ausgeht oder zu wenig Kontakte knüpft, sondern um einen inneren Rückzug. Die meisten von uns verstecken einen großen Teil von sich vor anderen Menschen: Schwächen, negative Gefühle, peinliche Erlebnisse und Lebenssituationen, von denen wir glauben, mit ihnen keinen Staat machen zu können. Der innere Rückzug gibt uns scheinbar Schutz und Sicherheit vor Ablehnung und Kritik. In Wirklichkeit beraubt er uns unserer Lebendigkeit und verhindert die Verbindung zu anderen Menschen, weil auf diese Weise die Hälfte unserer Persönlichkeit verborgen bleibt. Ist das der Fall, wird es höchste Zeit, das innere Schneckenhaus zu verlassen und sich endlich mit sämtlichen Facetten zu zeigen. Brené Brown, eine Pionierin in der psychologischen Forschung über Verletzlichkeit, Scham und Authentizität, sagt: »Perfektion und Unverwundbarkeit zu erlangen, ist ein verführerisches Ziel, aber im menschlichen Leben unrealistisch. Wir müssen in die Arena treten, wie und wo immer sie sich uns auch darbieten mag.«

Sicher ist es klug, nicht jedem die eigenen Schwächen auf die Nase zu binden. Das gilt vor allem, wenn wir Sicherheit ausstrahlen müssen. Wer möchte schon in einem Flugzeug sitzen, in dem der Kapitän in Turbulenzen die Passagiere durch den Lautsprecher wissen lässt: »Ich bin in Panik und habe keine Ahnung, wie ich den Vogel sicher landen soll.« Im Beruf ist es oft nötig, sich souveräner zu geben, als man sich fühlt. Doch es besteht kein Grund, die eigenen (vermeintlichen) Schattenseiten komplett zu verbergen. Leider strengen sich viele Menschen an, cool zu wirken und nach außen ein möglichst perfektes Bild abzugeben. Sie tun so, als liefe in ihrem Leben alles rund und als würden sie Gefühle wie Unsicherheit, Hilflosigkeit, Scham und Ängste überhaupt nicht kennen. Das ist sicher zunächst den Anforderungen unserer Wettbewerbsgesellschaft geschuldet. Sie zwingt uns dazu, ein perfektes Bild abzugeben, wenn wir nicht als Versager dastehen wollen. Alles ist super, kein Problem! Aber vor allem hat das Schneckenhaus die Funktion, uns vor Verletzungen zu schützen. Wir fürchten, wenn wir uns unvollkommen zeigen, dann will niemand mehr etwas mit uns zu tun haben, man wird uns verachten, auslachen und demütigen. Das kommt nicht von ungefähr. Meist haben wir in unser Kindheit und Jugend erfahren, dass es gefährlich ist, Schwächen zu zeigen. Entsprechend haben wir Strategien entwickelt, uns unangreifbar zu machen. Die setzen wir bis heute ein.

Sibylle, 51, Steuerberaterin, ist in bescheidenen Verhältnissen aufgewachsen. Als Teenager konnte sie die Markenkleidung, die ihre Mitschülerinnen alle trugen, nicht leisten. Die hänselten sie wegen ihrer »Billigklamotten« und machten sich über sie lustig, als sie einen für ihr Alter völlig unpassenden Wintermantel einer wohlhabenden Freundin ihrer Mutter tragen musste. Sybille schwor sich, dass sie das nie wieder erleben wollte. Seit sie ihr eigenes Geld verdient, tritt sie immer perfekt auf, trägt teure Marken und sorgt dafür, dass nichts mehr ihre einfache Herkunft ahnen lässt.

Das Schneckenhaus gibt einen gewissen Schutz, doch der Preis ist hoch: Wir können keine echte Beziehung aufbauen, weil wir ständig damit beschäftigt sind, unser positives Image zu bewahren. Falls unser unsicheres, verletzliches Ich doch einmal durchbricht, ist es uns ausgesprochen peinlich. Das kann zum Beispiel passieren, wenn wir unter großem Stress stehen, wenn uns ein Verlust sehr getroffen hat oder wir überrascht werden. Dann greift unser Schutzmechanismus nicht mehr. Im Nachhinein versuchen wir das vor anderen herunterzuspielen, indem wir rational erklären, warum wir so ungewöhnlich reagiert haben, oder indem wir uns selbst darüber lustig machen. Männer sagen vielleicht: »Ich hatte den Blues, das muss wohl an zu viel Wodka Lemon gelegen haben.« Frauen beschwichtigen eher: »Du, heute geht es mir schon viel besser. Ich weiß auch nicht, was gestern mit mir los war.«

Damit stecken wir in einer Zwickmühle. Auf der einen Seite möchten wir nicht entlarvt werden, auf der anderen wünschen wir uns sehnlich Menschen, die endlich hinter unsere Fassade schauen und uns trotzdem schätzen und lieben. Leider passiert das eher selten. Vielmehr nehmen uns die anderen so, wie wir uns ihnen präsentieren, etwa stark oder selbstsicher. »Damit hast du doch kein Problem!«, heißt es dann, oder: »Du schaffst das doch mit links.« Wenn aber wirklich das kleine Wunder geschieht und jemand uns ganz und gar kennenlernen möchte, überfällt uns eine Heidenangst davor, dass er uns zu nahe kommt und am Ende durchschaut. Deshalb ziehen wir uns oft zurück, sobald die Beziehung zu eng wird.

Sich ganz zeigen

Es gibt nur eine Möglichkeit, die selbst gewählte innere Isolation zu beenden: Wir müssen die vermeintlich negativen Teile von uns zeigen. Das geht allerdings nicht per Willensbeschluss von heute auf morgen. Bevor wir uns aus dem Schneckenhaus trauen, ist gründliche Vorarbeit nötig. Erst einmal sollten wir uns selbst mit den Eigenschaften befassen, die wir bisher verborgen haben. Bestimmte Teile verstecken wir nämlich nicht nur, weil wir vermuten, dass die anderen sie nicht mögen. In erster Linie missfallen sie uns selbst, ja, manchmal verachten wir uns sogar dafür.

Kristin Neff, Psychologieprofessorin an der University of Texas in Austin, plädiert dafür, dass wir eine gütigere Einstellung zu unseren vermeintlichen Unzulänglichkeiten finden. Sie bezeichnet diese Haltung als Selbstmitgefühl. Das bedeutet, den Blick von der eigenen Schwäche weg auf das zu lenken, was wir emotional brauchen. Und das ist sicherlich kein peinliches Verstecken, sondern ein liebevolles Verständnis dafür, dass wir unseren Ansprüchen nicht immer genügen. Indem wir Selbstmitgefühl einüben, lernen wir allmählich, uns selbst zu akzeptieren. Wir kritisieren uns nicht länger beinhart, sondern sehen uns in milderem Licht. In unseren Selbstgesprächen machen wir uns nicht länger nieder, sondern reden mit uns wie mit einer guten Freundin oder einem guten Freund. Allmählich nehmen wir unsere Mängel als etwas an, das vielleicht nicht sonderlich erwünscht ist, das aber zur menschlichen Natur gehört und durchaus sein darf. Wir beginnen, uns selbst zu sagen: Ich bin trotz meiner Fehler liebenswert. Ich bin gut genug. Ich bin richtig, so wie ich bin.

Im nächsten Schritt geht es darum, dass wir anderen nicht nur unsere Schokoladenseiten zeigen, sondern ihnen als ganze, authentische Person begegnen. Dabei dürfen wir uns nicht überfordern. Schließlich haben wir uns bisher stark kontrolliert, damit unsere vermeintlichen oder echten Mängel nur ja nicht sichtbar werden. Diese Haltung ist uns inzwischen zur zweiten Natur geworden. Das zu ändern, macht Angst. Fangen wir deshalb mit kleinen, alltäglichen Situationen an, uns aus dem Schneckenhaus zu wagen. Vermutlich ist uns auf die Frage von Bekannten, wie es uns geht, bisher automatisch ein strahlendes »Danke, alles bestens!« über die Lippen gekommen, auch wenn das nicht der Wahrheit entsprach. Nun tun wir nicht länger so, als ob alles nur wunderbar ist, sondern drücken etwas mehr von unseren wahren Gefühlen aus: »Es geht so. Mein Kind hat Probleme in der Schule, das belastet mich« oder »Ich habe morgen eine Prüfung und bin schon ganz aufgeregt«. Der Psychologe Carl Rogers nennt das

»Kongruenz« – eine Übereinstimmung zwischen dem, was wir wirklich fühlen, und dem, was wir äußern. Dazu gehört, dass wir auch einen Fehler oder eine Schwäche zugeben. Haben wir das erfolgreich geschafft, können wir im nächsten Schritt auch mal zu einer größeren Offenbarung übergehen. Hier ist allerdings Sorgfalt geboten. Wir sollten uns vorab gut überlegen, wem wir was von uns mitteilen. In der Psychologie bezeichnet man das als selektive (ausgewählte) Offenheit.

Offener zu werden, heißt also nicht, vor beliebigem Publikum einen Seelenstriptease zu machen. Schwierige Probleme, geheime Wünsche, heftige Knicke im Lebenslauf oder große Schwächen sollten Menschen vorbehalten bleiben, denen wir wirklich vertrauen können. Lassen wir uns Zeit, um in unserer Umgebung herauszufinden, wer vertrauenswürdig ist. Für den Check gibt es eindeutige Anhaltspunkte: Wer ist verschwiegen? Wer kann gut zuhören? Wer spricht positiv über andere? Wer hat in seinem Leben selbst schon Leid erfahren und von daher Verständnis? Wer schätzt uns? Wen finden wir sympathisch? Es ist keineswegs erforderlich, dass jede dieser Eigenschaften hundertprozentig erfüllt ist. Ein gutes Mittelmaß reicht durchaus. Vielleicht befindet sich die entsprechende Person ja schon längst in unserer Nähe.

Sobald wir jemanden gefunden haben, dem wir vertrauen können, warten wir die passende Gelegenheit ab. Wir brauchen dazu Zeit und Ruhe, man kann schließlich nicht in ein paar Minuten zwischen Tür und Angel über Herzensangelegenheiten sprechen. Sondieren wir erst einmal das Terrain, indem wir allgemein über das Thema reden, das wir gerne vertiefen möchten, etwa Arbeit, Kindererziehung oder Partnerschaft. Ideal ist es, wenn unser Gegenüber selbst etwas von sich erzählt. Haben wir dann das Gefühl, dass die Bedingungen günstig sind, können wir es wagen, ehrlich über uns zu sprechen.

Wie viel man dabei gewinnen kann, zeigt das Beispiel von Carla, einer 42-jährigen Lehrerin. Carla hat zuhause große Probleme. Ihr Mann geht immer wieder fremd. Sie leidet darunter, will sich aber ihrer fünfjährigen Tochter zuliebe nicht von ihm scheiden lassen. Für Carla ist es typisch, dass sie nach außen nichts zeigt, sondern tüchtig, kompetent und selbstsicher auftritt. Niemand im Lehrerkollegium ahnt, dass sie keineswegs eine Musterehe führt. Selbst in ihrem Freundeskreis weiß keiner, wie unglücklich sie sich fühlt und wie oft sie heimlich weint. Carla hatte schon früh gelernt, Probleme mit sich selbst auszumachen und nach außen strahlend und zufrieden zu erscheinen. Seit einiger Zeit hat sich mit einer Kollegin eine Freundschaft entwickelt, und es ergibt sich, dass sie zusammen zu einer Fortbildung fahren. Zufällig sitzen sie dabei allein im Zugabteil. Die Kollegin, die selbst recht offen ist, spricht über ihre schwierige Beziehung. Und da springt Carla über ihren Schatten: Stockend und verlegen erzählt auch sie von ihrer unglücklichen Ehe. Sie kann nicht verhindern, dass ihr dabei die Tränen in die Augen treten. Die Kollegin hört aufmerksam und zugewandt zu. Carla spürt, wie gut es ihr tut, sich einmal auszusprechen. Von diesem Tag an bröckelt ihre Fassade. Sie wagt es, auch mit anderen Menschen mehr über sich und ihre Gefühle zu reden. Und siehe da, die erwartete Katastrophe bleibt aus. Keiner verachtet sie, niemand reagiert hämisch. Inzwischen hat Carla mehrere gute Freundinnen, denen sie sich so zeigen kann, wie sie wirklich ist.

Vertrauen gegen Vertrauen

Je besser wir unsere Gesprächspartnerinnen und Gesprächspartner aussuchen, desto weniger müssen wir befürchten, dass unsere Selbstoffenbarung falsch aufgenommen wird. Eine Garantie, dass unser Gegenüber ideal reagiert, gibt es allerdings trotzdem nicht. Es ist immer möglich, dass wir auf Unverständnis stoßen oder feststellen müssen, dass die betreffende Person mit unserer Information nicht sorgsam umgeht.

Sollte uns das tatsächlich passieren, ist es trotzdem kein Grund, sich von nun an wieder zurückzuhalten, nach dem Motto: Ich wusste es doch, man gibt besser nichts von sich preis. Meist hat eine unsensible Reaktion mehr mit dem anderen zu tun als mit uns. Wahrscheinlich fällt es ihm selbst schwer, offen zu sein, und sein Verhalten drückt aus, wie unsicher er sich fühlt. Entscheidend ist, dass wir für uns erkennen: Unsere kindliche Angst, von allen abgelehnt zu werden, sobald wir vermeintliche Schwächen zeigen, ist unbegründet und längst überholt. Es stimmt einfach nicht, dass uns heute jeder fallen lässt oder demütigt, wenn wir uns ganz zeigen. Im Gegenteil! Erst wenn wir aufhören, uns perfekt zu geben, und auch Schwächen offenbaren, werden wir nahbar – und damit liebenswert. Indem wir Vertrauen haben, gewinnen wir das Vertrauen anderer Menschen. Denn auch sie kennen dieses Gefühl »Ich bin nicht gut genug« und fühlen sich befreit und erleichtert, wenn sie feststellen, dass es uns ähnlich geht.

Uns ganz zu zeigen, mit unseren Schwächen und Stärken, ist nicht einfach. Es erfordert viel Mut. Wer lange im Schneckenhaus gesessen hat, fürchtet sich zu Beginn davor, kein schützendes Haus mehr zu haben und Angriffen ausgesetzt zu sein. Und ja, es stimmt, wer sich aus dem Schneckenhaus wagt, zieht nicht nur gute Menschen an. Doch wir sind keine hilflosen Kinder mehr, wir sind erwachsen und stark genug, uns zu verteidigen, wenn es sein muss. Das wird manchmal nötig sein, weil gewiss nicht jeder mit unserer Offenheit umgehen kann. Aber deshalb sollten wir uns nicht davon abhalten lassen. Es geht um unser Leben, denn schließlich gewinnen wir dadurch Freiheit, Lebendigkeit und Selbstbewusstsein. Und es wird viele Menschen geben, die uns dafür bewundern und lieben, dass wir es wagen, uns offen zu zeigen.

In einem Text, den Nelson Mandela bei seiner Antrittsrede als Präsident von Südafrika zitiert hat, heißt es: »Wenn wir von unserer eigenen Angst befreit sind, dann befreit unsere pure Gegenwart auch andere.« Wir sind es nicht nur uns, sondern auch unserer Umgebung schuldig, ganz wir selbst zu sein.

Literaturliste

Teil I: In der Gegenwart leben

Seligman, Martin E. P.: Der Glücksfaktor: Warum Optimisten länger leben. Bastei Lübbe, Köln 2005

McCrae, Robert: The Five-Factor Model of Personality Across Cultures. Springer, Heidelberg 2002

Dooley, Mike: Verändere dein Denken, dann hilft dir das Universum: Eine praktische Anleitung. Knaur, München 2012

Weidner, Jens: Optimismus. Warum manche weiter kommen als andere. Campus, Frankfurt/Main 2017

Kaplan, Janice: Das große Glück der kleine Dinge. Wie Dankbarkeit mein Leben veränderte. Rowohlt, Reinbek bei Hamburg 2016

Emmons, Robert: Vom Glück, dankbar zu sein. Eine Anleitung für den Alltag. Campus, Frankfurt/Main 2008

Wlodarek, Eva: Tango vitale – Tanz mit dem Schicksal. Krisen und Chancen positiv nutzen. Herder, Freiburg i. Br. 2014

Ellis, Albert; Catharine McLaren: Rational-emotive Verhaltenstherapie. Junfermann, Paderborn 2014

Goleman, Daniel: Emotionale Intelligenz. Carl Hanser, München/Wien 1996

Teil II: Die eigene Attraktivität erkennen

Wlodarek, Eva: Weil du es dir wert bist. Sicherheit und Stärke gewinnen. S. Fischer Verlag, Frankfurt/Main 2008

Marklund, Bertil: 10 Jahre länger leben. Die kurze Anleitung für ein gesundes und glückliches Leben. Ullstein, Berlin 2017

Friedan, Betty: Mythos Alter. Rowohlt, Reinbek bei Hamburg 1995

Rampe, Micheline: Jeder will es werden, keiner will es sein: Alter als Herausforderung. A1 Verlag, München 2006

Teil III: Vom Beruf zur Berufung

Hillman, James: Charakter und Bestimmung. Eine Entdeckungsreise zum individuellen Sinn des Lebens, Goldmann Arkana, München 2001

Colvin, Geoff: Talent wird überschätzt. Welche Erfolgsfaktoren wirklich zählen. Ariston, München 2008

Kahn, Oliver: Ich. Erfolg kommt von innen. Riva, München 2008

Rydall, Derek: Entfalte die Kraft deines Seelenplans. Die eigene Lebensaufgabe finden und verwirklichen. Trinity, München 2017

Gladwell, Malcolm: Blink! Die Macht des Moments. Campus, Frankfurt/Main 2005

Teil IV: Freiheit gewinnen

Kondo, Marie: Magic Cleaning. Wie richtiges Aufräumen Ihr Leben verändert. Rowohlt, Reinbek bei Hamburg 2013

Sincero, Jen: Du bist der Hammer! Hör endlich auf, an deiner Großartigkeit zu zweifeln, und beginne ein fantastisches Leben. Ariston, München 2017

Lyubomirsky, Sonya: Gücklich sein. Warum Sie es in der Hand haben, zufrieden zu leben. Campus, Frankfurt/Main 2008

Teil V: Verbindung zu anderen knüpfen

Kaplan, Linda; Koval, Robin: The Power of Nice. Wie Sie die Welt mit Freundlichkeit erobern können. dtv, München 2008

Neff, Kristin: Selbstmitgefühl. Wie wir uns mit unseren Schwächen versöhnen und uns selbst der beste Freund werden. Kailash, München 2012

Brown, Brené: Verletzlichkeit macht stark. Kailash, München 2013

Dank

Bedanken möchte ich mich bei dem gesamten Herder-Team, das mich als Autorin wie immer großartig unterstützt hat.

Mein besonderer Dank geht dabei an Tino Heeg, den Programmleiter für Psychologie und Lebensgestaltung. Schon bei unserem ersten Gespräch in Hamburg hat er an dieses Buch geglaubt. Sein wertschätzendes Feedback zum Ergebnis hat mich tief bewegt. Bücherschreiben ist bei aller Lust auch eine große Anstrengung, und wenn das Ringen um Sinn und Genauigkeit gewürdigt wird, tut das sehr gut.

Last but not least danke ich Ihnen, liebe Leserin und lieber Leser, für Ihr Interesse daran, ihr Potenzial zu entfalten. Sie sind einmalig - die Welt braucht Sie! Ich hoffe, dass Sie dieses Buch für Ihr tägliches Leben nutzen können und freue mich darauf, von Ihren Erfahrungen zu hören.